AF450516

LES
ENFANTS ILLUSTRES

3ᵉ SÉRIE PETIT IN-8°.

Vive la République, s'écria Barra.
(P. 36.)

LES
ENFANTS ILLUSTRES

PAR

H. DE FONT-RÉAULX.

LIMOGES

EUGÈNE ARDANT ET Cie, ÉDITEURS.

Propriété des Éditeurs.

PRÉFACE

Il ne suffit pas d'apprendre aux enfants l'histoire des événements anciens et modernes si l'on veut agir utilement sur leur cœur et sur leur esprit. Sans doute le récit des actions héroïques des peuples et celui des traits de bravoure des guerriers qui ont préféré mourir plutôt que de voir la patrie asservie, ou la cause qu'ils défendent abandonnée, sont de nature à élever l'intelligence de la jeunesse en lui montrant la grandeur des sacrifices accomplis par les générations passées pour le triomphe des généreuses idées qui animent l'humanité ; mais n'est-il pas possible de trouver plus près de l'enfance, plus à sa portée, des exemples salutaires de dévouement d'abnégation, de vaillance, de travail opiniâtre, n'est-il pas possible de lui fournir des modèles de ces vertus primordiales qui font la gloire et l'honneur de certains enfants privilégiés, de certains jeunes gens, l'élite de leur siècle ? Ne se rencontre-t-il pas de beaux exemples donnés par les enfants? L'histoire en contient un grand nombre. Que peut-il y avoir de plus intéressant, de plus utile pour des enfants que d'apprendre l'acte héroïque du jeune Barra, les malheurs et les travaux de la jeunesse de Viviani et de Ramus? Quel meilleur modèle à donner aux élèves de nos écoles que celui de ce pauvre petit Jameray Duval qui, gardeur de dindons, à l'âge de dix ans, arriva après des souffrances et des vicissitudes de tout genre, à se créer une très haute situation parmi les savants de l'Europe.

Je n'ai point la prétention de faire, dans ce volume, les biographies de tous les enfants célèbres, j'ai écrit seulement celles qui m'ont paru le plus dignes d'être notées.

LES
ENFANTS ILLUSTRES

JEAN PIC DE LA MIRANDOLE.

Jean Pic, comte de la Mirandole et de Concordia, troisième fils du seigneur Jean-François, naquit le 24 février 1463 au château de la Mirandole, près de Modène.

La tradition rapporte que sa mère avait eu, avant la naissance de son fils, le pressentiment et, en quelque sorte, la révélation de ce que ce prodigieux enfant devait être un jour. Elle se chargea, elle-même, de tous les soins de sa première éducation, devinant, paraît-il, qu'elle élevait un génie qui serait l'illustration de sa famille et de sa patrie.

Ses ancêtres avaient joué un rôle important dans les querelles intestines qui divisaient l'Italie. Ils étaient parvenus à se rendre indépendants et possédaient une fortune considérable, mais le jeune Pic négligea toujours le soin de ses affaires, il laissa à son frère aîné, Galéoti Pic, le souci et les revenus de ses biens personnels et consacra sa vie toute entière à l'étude, au travail, aux sciences et aux arts. A l'âge de dix-huit ans il savait parler vingt-deux langues. Doué d'une mémoire prodigieuse, il était capable dès sa plus tendre jeunesse de réciter mot à mot plusieurs pages après trois lectures. Il pouvait même les réciter en sens inverse en commençant par le dernier mot et en remontant jusqu'au premier. Sa mémoire lui permit d'apprendre toutes les sciences connues de son temps, la philosophie, les mathématiques, la poésie, les langues anciennes et modernes, la théologie, la rhétorique, la jurisprudence, les sciences occultes qui étaient alors en grand renom en Italie, l'astrologie, la magie, etc. A dix ans il était déjà considéré par ses contemporains comme le premier poète et le premier orateur de son siècle. Il voyagea en Italie et à l'âge de quatorze ans il alla faire son droit à l'Université de Bologne, puis il se rendit en France où il visita les universités et étonna par l'étendue de son savoir les professeurs les plus érudits. Son ardent amour de la science n'était égalé que par la puissance d'assimilation de son esprit. Il apprenait tout ce qu'il voulait avec une rapidité extraordinaire. Aucun homme ni dans l'antiquité, ni dans les temps modernes, n'a été plus studieux et plus savant.

Il savait bien des choses que l'on ne songe plus à apprendre aujourd'hui, notamment les sciences mystérieuses des astrologues, des sorciers, des magiciens qui tenaient, en ce temps-là, une grande place dans le monde.

Ces préjugés et ces superstitions étaient considérées alors comme des sciences véritables et l'on pensait qu'il était possible au moyen de combinaisons de mots et de nombres, au moyen de l'examen des mouvements des astres d'arriver à prédire les événements futurs, la destinée des royaumes et des personnes. Il existe encore en France, de nos jours, des régions éloignées des grandes villes, dans la Bretagne, dans l'Auvergne et les Cévennes notamment, où la croyance à la science des sorciers et à leur puissance n'est pas encore disparue.

Au quinzième siècle il existait des ouvrages très sérieusement écrits sur les sciences divinatoires, on apprenait l'astrologie et la magie comme aujourd'hui l'on apprend l'astronomie, la chimie ou la géométrie. Pic de la Mirandole était devenu le premier astrologue de son temps comme il en était le premier orateur et le premier grammairien.

En 1486, à l'âge de vingt-quatre ans, il se rendit à Rome, possédant toutes les connaissances humaines et il lança un défi aux nombreux savants qui résidaient alors dans la capitale du monde. Il annonça qu'il s'engageait à soutenir des thèses, c'est-à-dire à faire des conférences publiques sur tout ce qu'il était possible de savoir, *de omni re scibili,* et à discuter contradictoirement, à argumenter avec qui que ce soit sur toutes les sciences connues. Ce fut un spectacle inconnu jusqu'alors que celui de voir un jeune homme de vingt-quatre ans, luttant contradictoirement avec les savants les plus anciens et les plus renommés de l'univers sur toutes les choses qu'il plaisait à ceux-ci de discuter.

Pic de la Mirandole proposa 1408 sujets de thèses qui furent affichées à Rome et il s'engagea à les soutenir. Jaloux de l'immense renommée qu'il s'était acquise, les savants italiens le dénoncèrent au pape comme hérétique. Ils relevèrent, dans les sujets proposés par Pic de la Mirandole, treize propositions entachées d'hérésie. Le pape Innocent VIII prit parti contre lui et infligea la censure aux treize propositions signalées aux foudres ecclésiastiques. Pic de la Mirandole fut obligé de défendre les treize propositions attaquées, il en résulta pour lui des difficultés graves avec la cour de Rome. Exilé par ordre du pape, il se réfugia en France; mais il y resta peu de temps. En 1493 il obtint d'un nouveau pape, Alexandre VI, un bref d'absolution. Découragé par les tribulations qu'il venait d'éprouver, il renonça à la vie publique et au commerce des hommes. Il se réfugia dans l'un de ses châteaux près de Florence et, retiré du monde, il passa son temps à étudier. Les livres étaient ses seuls amis. Il s'attacha principalement alors à creuser les problêmes les plus ardus de la philosophie et de la théologie. Il cherchait à concilier ces deux sciences.

Il mourut à l'âge de trente et un ans à Florence, le 17 novembre 1494, le jour même où le roi de France Charles VIII entrait en vainqueur dans cette ville. Charles VIII ayant appris que Pic de la Mirandole était très malade, lui envoya deux de ses médecins, mais leur art fut impuissant à le guérir.

Il a laissé plusieurs ouvrages : *Les Conclusions de philosophie et de théologie; Apologie de J.-P. de la Mirandole; Discussions sur l'astrologie divinatoire; Lettres de J.-P. de la Mirandole,* ces lettres sont pleines d'esprit et d'érudition.

Tous ces ouvrages qui au moment ou ils furent publiés étaient considérés comme des œuvres de grand savoir et de haute intelligence, ne seraient pas aujourd'hui de nature à être utiles pour l'instruction. Les progrès des sciences ont été si considérables, depuis lors, qu'il n'est pas possible de trouver rien à apprendre par la lecture de ces livres. Mais ils démontrent un esprit supérieur, une vive intelligence, un grand talent d'exposition et une érudition énorme. Pic de la Mirandole restera pour la jeunesse, un modèle de courage au travail, de pureté dans les mœurs et de dévouement à la science.

MATHIEU GOFFIN

L'existence des ouvriers mineurs est,
de tous les travailleurs, celle qui pré-
sente les plus graves dangers. Indépendamment des durs travaux auxquels sont
soumis ces infortunés qu'une cruelle né-
cesssité oblige à passer la moitié de leur
existence sous terre, mille périls les me-
nacent chaque jour : l'eau, le feu, les
gaz détonnants, les éboulements, les ma-
ladies, la rupture d'une chaîne, d'un
instrument, le moindre détail, la moindre inattention peuvent avoir pour eux
les conséquences les plus graves, occa-
sionner les accidents les plus épouvanta-
bles. La liste des ouvriers mineurs martyrs, des victimes du *grisou*, serait bien

longue et bien triste à parcourir, malgré
la science des ingénieurs, malgré les
précautions prises, malgré les règlements
et les mesures de prudence de tout
genre, il ne se passe pas d'année sans
que les organes de la presse n'annoncent
au public un événement tragique survenu
dans une mine de houille, une catastro-
phe navrante arrivée à Anzin, à Char-
leroi, à Decazeville, ou à Bességes. C'est
au milieu de l'un de ces drames émou-
vants que le jeune Mathieu Goffin fit
preuve d'un courage héroïque en compa-
gnie de son père Hubert Goffin, chef
mineur au puits de Beaujon, à Ans, près
de Liége.

Le 28 février 1812, Goffin et son fils
Mathieu, âgé de douze ans, descendirent
dans la mine avec cent vingt-cinq ouvriers, à une profondeur de près de deux
cents mètres. L'on se mit hardiment à
l'ouvrage, Mathieu travaillait à côté de
son père. Vers dix heures du matin, l'eau
envahit subitement la mine et fit des progrès si rapides en traversant le sol d'anciennes tranchées abandonnées, qu'il ne
fut pas possible de prévenir à temps les

ouvriers disséminés dans les longues galeries de la mine. L'un d'entre eux toute-
fois arriva jusqu'à la cloche d'alarme
dont les sinistres tintements firent enfin
accourir les travailleurs, mais il était
trop tard ; l'eau gagnait rapidement du
terrain. Hubert Goffin aurait pu attein-
dre la chaîne et remonter, mais il se devait à ses compagnons, il était leur chef,
il ne pouvait les abandonner. Il ordonna
à son fils de sortir de cet abîme et de re-
tourner à la maison ; mais Mathieu refusa
énergiquement, ne voulant pas abandonner son père. Les ouvriers se précipitèrent en grand nombre vers la chaîne.
Leur foule occasionna une bousculade
telle qu'il leur fut très difficile de l'utili-
ser et que plusieurs furent noyés ; d'autres parvinrent à s'échapper. Soixante-dix
de ces infortunés restèrent avec Goffin et
son fils, et toute issue fut fermée par
l'inondation. Les mineurs essayèrent alors
de se creuser un passage par un puits
voisin, celui de Manoster qui paraissait
ne pas être envahi. Ils attaquèrent le sol
avec ardeur.

L'alarme avait été donnée immédiatement. Les ingénieurs, les autorités, accourus à l'orifice de la mine firent faire des travaux pour arrêter l'inondation et pour ouvrir un passage aux malheureux mineurs. Mais le temps pressait et les travaux très difficiles à exécuter n'avançaient qu'avec une désespérante lenteur. Goffin et ses camarades travaillaient avec ardeur depuis deux jours et perdaient courage. Fatigués, privés de nourriture, ils ne pouvaient plus travailler. Seul, le jeune Mathieu travaillait sans relâche, et ne se laissait point abattre par le découragement. « Puisque vous pleurez comme des enfants, disait-il à ses compagnons, il faut bien que je travaille comme un homme. » Tout à coup l'on entend un bruit sourd. L'espérance réjouit tous les cœurs, mais le bruit cesse bientôt et tout espoir est évanoui. Les mineurs désespérés refusent d'obéir à Goffin qui emploie tous les moyens pour les faire travailler chacun à leur tour au salut commun. Mais au troisième jour ils avaient perdu confiance. Ils croyaient que la direction indiquée par Goffin était inexacte et ils déclarèrent qu'ils aimaient mieux mourir plutôt que de continuer ce travail inutile. La dernière chandelle était usée. L'on était dans la plus complète obscurité et les cris de rage et les sanglots retentissaient de toutes parts. Hubert Goffin et son fils travaillaient encore. Enfin après cinq longues journées d'angoisses et de labeurs surhumains, l'on entendit un bruit sourd. C'était la délivrance. Des mineurs avaient creusé dans le puits voisin un passage et quelques mètres seulement séparaient les libérateurs des malheureux affamés. Hubert Goffin ne voulut sortir que le dernier, suivi de son fils Mathieu qui avait été le véritable héros de ces tristes journées.

Le célèbre poète Millevoye fit à cette occasion une pièce de vers très remarquable et dans laquelle la terrible situation des mineurs et le courage du jeune Mathieu sont mis en relief d'une manière saisissante. Les voici :

Là des blocs sulfureux l'onde perçant la veine
Effraya les mineurs de sa chute soudaine
Et chacun s'attachant au long câble d'airain,
Veut sortir le premier du gouffre souterrain.

Mais heurtés l'un par l'autre ils roulent dans l'abime
Et l'onde se grossit de plus d'une victime.
Son fils entre ses bras le généreux Goffin,
Du tombeau des vivants allait sortir enfin ;
Mais ces amis, hélas ! ils ne pourront me suivre ;
Je veux les sauver tous ou ne pas leur survivre.
Il dit, cède la place, et le pic à la main
S'ouvre vers la lumière un ténébreux chemin.
Cependant au-dehors la cloche des alarmes
Rassemblait les vieillards et les femmes en larmes.
L'habile ingénieur, par de sages travaux,
Apposait une digue aux menaces des eaux,
Tandis que par pitié les magistrats sévères,
Ecartaient de ces bords le désespoir des mères ;
Les ouvriers nombreux dont il règle l'ardeur
Des mines d'alentour sondent la profondeur ;
Dévouement sans espoir ! Leurs mains découragées
Par l'utile boussole à peine dirigées.
Ne creusent le rocher qu'avec un lent effort ;
Ils appellent, tout garde un silence de mort.
Le salpêtre deux fois s'allume, éclate et gronde
Son bruit détonne au loin sous la terre profonde.
C'est en vain, le bruit meurt et l'espoir avec lui,
Déjà du second jour la dernière heure a fui ;
La nuit s'achève, et l'ombre a fait place à l'aurore
On s'arrête, on écoute, on n'entend rien encore.
Hélas ! les malheureux dans l'abime plongés
Perdent aussi leur plainte et leurs cris prolongés.

. . . . ; . . . . . .

. . . .

Prodigue de secours et de soins consolants
Il cherche à ranimer ses compagnons tremblants

Implore tour à tour le frère pour le frère,
Le père pour son fils et le fils pour son père,
Promet de les ravir à l'abîme profond ;
Aucun d'eux ne le suit, aucun d'eux ne répond
Eh bien ! s'écria-t-il, lâches, je vous pardonne !
Viens, mon fils, travaillons pour qui nous abandonne ;
Si nul effort humain ne peut nous secourir
Nous reviendrons ici nous étendre et mourir.
Il disait, mais sa voix n'était point écoutée.
Retire-toi, criait la foule épouvantée,
Ne nous impose pas des travaux superflus,
Sans toi, depuis longtemps nous ne souffririons plus.
Ils osent, les ingrats, dans leur aveugle rage,
Prodiguer à Goffin la menace et l'outrage ;
Que dis-je ! sur sa tête ils sont prêts à lever
L'instrument de travail qui pourrait les sauver.
Lui, sans trouble, et touché de leur seule infortune ;
Allons finir, mon fils, une vie importune.
Ils l'exigent, eh bien ! livrons-les à leur sort.
En les privant de nous précipitons leur mort.
Alors vous eussiez vu redoubler leurs alarmes,
La menace expirer et se changer en larmes :
Et les séditieux, se traînant à genoux,
Criaient, les bras tendus, Goffin, protégez-nous !
Mais le jeune Goffin lève un bras intrépide.
Son cœur n'est point ému, son œil n'est point humide ;
De leur abattement il les fait tous rougir.
Est-ce à nous de pleurer quand nous devons agir ?
Frappons, voici la route ! et sa voix consolante
A bientôt raffermi les forces chancelantes.

.   .   .   .

.   .   .   .

Un bruit vague, ô transport! a frémi sous la roche;
De moment en moment il augmente, il approche.
L'oreille peut du fer compter les coups pressés.
La voix répond aux cris des deux parts élancés!
Et le dernier effort va briser la barrière.
Qui de l'affreuse nuit séparait la lumière.
Les sombres flancs du roc s'entr'ouvrent, et le jour!
Par le bruit de la foudre atteste son retour.
Ils sont sauvés, s'écrie une foule enivrée.
Sauvés! sauvés! répond la troupe délivrée.

MOZART

Le plus grand génie musical de l'Allemagne , Jean-Chrysostome-Wolfgang-Gattlieb Mozart est né à Salzbourg, le 27 janvier 1756, et mort à Vienne le 5 décembre 1791, à l'âge de 35 ans. Son père, Léopold Mozart, était un musicien savant qui a laissé des opéras et des pièces de musique religieuse. Il fut le seul maître de son fils, dont le merveilleux instinct musical se développait dès la plus tendre enfance. A trois ans, il cherchait déjà à reproduire sur le clavecin les exercices exécutés par sa sœur plus âgée que lui. A quatre ans, il répétait des passages joués par sa sœur et dictait à son père de petits morceaux qui ont été, dès lors, conservés et publiés.

L'enfant avait un caractère très mobile, tantôt bruyant et joueur à l'excès, tantôt sombre et laborieux outre mesure. D'une

sensibilité maladive il s'adonnait passion-
nément aux sciences exactes, et son
esprit chercheur s'y absorbait d'une manière absolue; mais cette étude dura peu,
il revint vite à ses chères études musi-
cales. On lui donna un petit violon qui
l'occupait constamment. Il s'exerçait en
secret et fit l'admiration de son père et
des savants musiciens ses amis. Il exécutait à cinq ans, à première vue, des airs
extrêmement difficiles. Il semblait que
dès les premières notes il devinait la suite
et il jouait en quelque sorte d'intuition.
A six ans, il composa un concerto qui
révélait les plus heureuses dispositions et
une connaissance complète des règles de
l'harmonie que Mozart avait devinées,
car on ne les lui avait point enseignées.

Emerveillé d'avoir un enfant de génie,
le père de Mozart se décida à produire le
jeune musicien de six ans dans les capi-
tales de l'Europe. Marie-Anne, la sœur
de l'enfant, âgée de onze ans, était aussi
merveilleusement douée. Elle était sur le
clavecin d'une force absolument en dis-
proportion avec son jeune âge. Elle fit
partie de la tournée artistique. On se mit

en route en juin 1762 et l'on se dirigea
sur Munich où la première grande représentation eut lieu devant l'électeur de
Bavière, qui fut surpris et charmé des
brillantes qualités artistiques des enfants.
Arrivée à Vienne en octobre, la famille
Mozart fut accueillie par la cour avec un
véritable enthousiasme. La réputation du
jeune Mozart l'avait devancé. Léopold
Mozart a retracé dans des lettres écrites
pendant ce voyage les divers succès de
son fils. Nous avons été reçus, dit-il, avec
une faveur si extraordinaire, qu'un récit
détaillé paraîtrait fabuleux. Wolfgang a
sauté sur les genoux de l'impératrice,
l'a prise au cou et l'a mangée de caresses.
Nous sommes restés auprès de Sa Majesté
de trois à six heures. L'empereur s'était
placé auprès de Wolfgang. « Monsieur, lui
dit l'enfant, je vais jouer un concerto très
difficile de monsieur Wagenseil, votre
maître de chapelle; je voudrais bien
l'avoir auprès de moi, il me tournerait les feuillets : voulez-vous le faire
appeler? et l'empereur fit appeler monsieur Wagenseil. » L'empereur traitait
Mozart comme un petit enfant. Il lui dit

en plaisantant qu'il n'y avait pas de mérite à jouer avec tous les doigts, que le mérite consisterait à jouer avec un seul doigt. Wolfgang sans répondre joua immédiatement, avec l'index seul, des morceaux très compliqués et très rapides. Les représentations furent interrompues; le jeune artiste fut atteint d'une fièvre scarlatine qui heureusement ne dura qu'une douzaine de jours.

On raconte que Mozart, qui n'avait alors que six ans, se rendait très bien compte de l'élévation artistique du public qui l'écoutait et qu'il proportionnait les morceaux joués à l'opinion qu'il se faisait de ses auditeurs.

Il se produisit à la cour de Vienne un petit incident qui a été bien des fois raconté. Le voici : Se trouvant au Palais impérial, le jeune Mozart était promené dans les galeries par deux des archiduchesses. Il glissa sur le parquet. L'archiduchesse Marie-Antoinette, qui devait devenir plus tard reine de France, le ramassa et lui prodigua de tendres caresses. « Que vous êtes bonne, lui dit Mozart, je veux vous épouser. »

Pour reposer les jeunes artistes, la famille Mozart rentra à Salzbourg. Elle repartit au mois de juin 1763, s'arrêta quelques jours à Munich comme l'année précédente, se rendit à Bruxelles, puis à Aix-la-Chapelle. On fit de magnifiques cadeaux aux jeunes virtuoses pendant ce voyage. Arrivée à Paris en novembre, la famille Mozart fut menée à la cour du roi, par Grimm. Les sœurs de Louis XV, mesdames Adélaïde et Victoire firent aux enfants le plus gracieux accueil. Un souper fut donné à la cour à l'occasion d'un de leurs concerts et le jeune Mozart fut placé à côté de la reine qui s'entretenait familièrement avec lui. Il fut présenté également à madame de Pompadour, beaucoup moins aimable à son égard. Comme elle ne l'avait point embrassé, Mozart demanda à son père quelle était donc cette dame si fière qui avait refusé de l'embrasser, lui qui avait bien embrassé l'impératrice. A Paris l'on grava plusieurs compositions du jeune musicien, puis la famille Mozart donna un dernier concert en avril 1764 et se rendit à Londres. Invités de suite à la cour, les artistes eurent un succès surprenant. Mozart joua sur l'orgue du roi, puis accompagna un air chanté par la reine; il joua ensuite un air de flûte, puis du violon et improvisa de charmantes mélodies. L'assistance était dans l'admiration.

Les progrès du jeune musicien furent tels que son père écrivait alors que cela dépassait l'imagination. Il avait un opéra sur le chantier. Au premier concert public donné par la famille Mozart, la recette s'éleva à cent guinées. Un amateur de musique s'imagina que Mozart était une jeune fille de 15 à 16 ans, que l'on cherchait à faire passer pour un garçon de neuf ans. Il employa tous les moyens pour surprendre le subterfuge qu'il supposait et demanda même l'extrait de baptême de Mozart. Mais il fut obligé de se rendre à l'évidence, et alors Mozart n'eut pas de plus ferme défenseur. Cet amateur nommé Barrington était un critique d'art très estimé. Il écrivit en faveur du jeune prodige une étude très remarquable, qui produisit une grande sensation dans le monde des arts et des lettres.

Rentrés à Paris, après une maladie grave à La Haye, les artistes se firent entendre à Versailles, puis ils se rendirent à Lyon où ils séjournèrent un mois. Ils revinrent à Munich en novembre et de là à Salzbourg, où Mozart consacra une année à étudier les grands maîtres allemands. En 1767, un nouveau voyage fut entrepris. A Vienne, Mozart fut atteint de la petite vérole, ses jours furent en danger. L'empereur Joseph II lui demanda après sa guérison, d'écrire un opéra comique et lui en remit le libretto, c'était l'opéra de *la Finta simplice*. En quelques semaines, Mozart composa toute la partition. Il avait alors douze ans. Les compositeurs de l'époque se sentirent menacés par la réputation croissante de l'enfant et lui suscitèrent toutes les tribulations imaginables.

L'empereur par esprit de pacification ne laissa pas représenter l'opéra; mais il commanda une messe à grand orchestre au jeune compositeur pour l'inauguration d'une église. Le jeune Mozart dirigea lui-même les répétitions et l'exécution publique et obtint un succès inoui. Rentré en 1769 à Salzbourg, Mozart travailla tout particulièrement la langue italienne, puis se rendit avec son père à Vérone en décembre 1770. Ce fut là une série d'ovations bruyantes et enthousiastes. Il en fut de même à Mantoue, à Milan. Mozart assistait aux représentations des opéras italiens et prenait part à toutes les fêtes et mascarades. Il se fit entendre à Bologne, à Parme où il rencontra la fameuse chanteuse Bastardella qui lui causa un grand étonnement et une vive admiration. Elle chanta devant lui un air si extraordinaire et si difficile que l'enfant se hâta de le noter et de l'envoyer à sa sœur Nannerl, restée à Salzbourg. Arrivé à Rome en avril, Mozart se rend à la chapelle Sixtine entendre le *Miserere* d'Allegri, œuvre de longue haleine et de haute difficulté. Comme il était absolument interdit de copier cette œuvre et que les exécutants eux-mêmes n'avaient pas la possibilité d'emporter leur partie hors de la chapelle, Mozart arriva, après deux auditions à rétablir l'œuvre toute entière. Ce tour de force émerveilla tous les musiciens de l'époque. Jamais, dans aucun temps, un trait de génie semblable ne s'est produit. Le *Miserere* d'Allegri est écrit à deux chœurs, l'un à quatre, l'autre à cinq voix.

Mozart à quatorze ans reproduisit, après l'avoir entendu deux fois, toute l'instrumentation, toutes les partitions, le chant, tous les accompagnements, etc. Le pape le nomma chevalier de l'Eperon d'Or. A Milan, Mozart fit représenter son premier opéra, *Mitridate re di Ponte*. Cinq mois avaient suffi à la composition de cette œuvre considérable, à la mise en scène et aux répétitions. Le succès fut considérable. Mozart se rendit à Venise où il passa deux mois au milieu des fêtes. Rentré à Salzbourg, il revint avec son père à Milan, où il composa la sérénade *Ascanio in alba*, commandée par l'impératrice Marie-Thérèze, pour le mariage de l'archiduc Ferdinand. A Vienne, à Munich il composa des opéras, des messes, des vêpres, des mélodies charmantes.

A dix-neuf ans, Mozart était dans tout l'éclat de son génie et de sa gloire. Il avait un ennemi acharné, le prince-évêque de Salzbourg, personnage ignorant

et rustre qui payait 26 francs 75 centimes
par an les services que Mozart lui rendait
en qualité de chef d'orchestre. Le grand
artiste chercha une autre profession, il
se rendit à Munich, puis à Augsbourg, à
Manheim, sans trouver de position con-
venable. Arrivé à Paris en 1778, il fut
immédiatement chargé de composer un
Miserere à grand orchestre et à trois
chœurs. Le prince-archevêque de Salzbourg, comprenant enfin qu'il avait
laissé partir un artiste de mérite, se décida à lui donner 500 florins de traitement annuel comme organiste. L'Elec-
teur de Bavière le pria de composer un
opéra pour l'anniversaire de sa naissance.
Mozart arriva pour cela à Munich en
novembre 1780, et le 20 janvier 1781, la
première représentation de cet opéra,
l'*Idomeneo*, eut lieu devant un public
pénétré de l'enthousiasme le plus vif.
Un auteur prétend que les applaudissements avaient un véritable caractère de
fureur délirante.

Mozart se brouilla de nouveau avec le
prince-évêque de Salzbourg, et il quitta
la cathédrale définitivement pour se ren-

dre à Vienne, où l'empereur lui demandait un opéra. Mozart écrivit l'*Enlèvement du Sérail*, œuvre d'une grâce et d'une jeunesse infinies. Joseph II lui dit, après la première représentation : « C'est charmant, mon cher Mozart, mais il y a un peu trop de notes. — Juste autant qu'il en faut, » répondit froidement l'artiste. Cette représentation fut pour Mozart une nouvelle victoire qui confondit ses ennemis et ses détracteurs. Peu de temps après, Mozart enleva la fille d'un musicien en renom, nommé Weber, et l'épousa malgré sa famille. Il resta à Vienne, où il donnait des leçons de musique et composait des sonates et des concertos pour le piano. Il réalisa des bénéfices considérables dans une entreprise de concerts publics organisés en association avec un sieur Martin. Mozart laissa bientôt cette société pour revenir à la composition d'opéras. En 1787, il écrivit son Don Juan, qui est le chef-d'œuvre le plus remarquable de l'art musical ; il composa plusieurs autres opéras et des quatrains admirables. L'empereur lui conféra le titre de compositeur de la cour et lui

donna un traitement de 800 florins.
« C'est trop pour ce qu'on me demande,
dit Mozart, et trop peu pour ce que je
puis faire. » Rien ne peut arracher le
maestro de la cour de Vienne. Le roi de
Prusse, Frédéric-le-Grand, lui proposa
3000 thalers par an, il refusa.

La mort de son père plongea le jeune
artiste dans un accablement extraordinaire. Sa santé s'altéra. Le travail avait
rongé ce corps frêle et nerveux. Sa poitrine
était faible, son cerveau fatigué par la
précocité de son génie. Il se mit néanmoins au travail avec une ardeur nouvelle et composait la *Flûte enchantée*. Un
inconnu écrivit à Mozart une lettre anonyme, lui demandant de faire une messe de
Requiem et d'en fixer lui-même le prix.
Cette démarche le frappa au cœur. Il y
vit le présage sinistre de sa fin prochaine
et promit vaguement de s'occuper de
satisfaire l'inconnu. Peu de temps après
l'inconnu envoya une somme considérable au compositeur en lui en promettant
une plus forte encore pour le jour où la
messe de *Requiem* serait terminée. Il fut
impossible de connaître le nom du per-

sonnage qui faisait si grandement les choses. Après un court séjour à Prague, où il composa *Clemenza di Tito*, Mozart rentra à Vienne et depuis lors l'idée qu'il lui fallait écrire sa messe de *Requiem*, produisit dans son âme une perturbation complète. Il s'acharna à écrire cette messe malgré tous les subterfuges employés par son entourage pour l'en détourner; la loge de francs-maçons dont il faisait partie lui demanda une cantate : l'*Eloge de l'amitié*, il la composa en quelques heures. Sa femme lui enleva son manuscrit de la messe. Il le redemanda et y fit quelques corrections, cinq jours après il était à l'agonie. Il mourut à minuit, le 5 décembre 1791, entouré d'admirateurs et d'amis sincères. Il avait trente-cinq ans.

Tout ce que l'on peut imaginer de plus élogieux a été écrit sur Mozart qui est peut-être le plus grand compositeur de l'univers entier. Les œuvres de Mozart s'élèvent au nombre de 626. On compte notamment 20 messes, 49 symphonies, 33 sérénades pour orchestre, 43 concertos, 72 sonates, 18 opéras, 9 cantates, 40 contredanses, etc., etc.

RAMEAU

Jean-Philippe Rameau, naquit à Dijon en 1683. Son père, organiste savant, lui enseigna le chant avant la lecture. A cinq ans il s'exerçait déjà au clavecin. La musique devint bientôt pour le petit enfant une véritable passion. Son père trouvant la profession de musicien trop peu lucrative désira détourner son fils de ces études et l'envoya au collége en priant le principal de l'occuper à toutes les sciences et à tous les arts autres que la musique. Malgré la surveillance de ses maîtres, le jeune Rameau ne faisait que de la musique. Il chantait en classe à voix basse. Son esprit était toujours absorbé par le rhythme musical et des airs de son invention hantaient sans cesse son cerveau. Si on l'interrogeait, il répondait en chantant involontairement. Ses cahiers étaient remplis d'airs notés. Le principal du collége avisa le père de Rameau que son fils était absolument mélomane et qu'il était impossible de rien en faire, sauf un musicien. Le père insista et demanda au principal de punir sévèrement son élève. On fustigea le jeune artiste; mais il pleurait en musique. On l'enferma dans un noir cachot. Il y composa l'*Air du Désespoir*, qu'il inséra plus tard dans son opéra de *Dardanus*. Son père, vaincu par cette obstination extraordinaire, le retira du collége où il n'apprenait absolument rien. Il avait huit ans. C'était déjà un grand artiste. Il passa en Italie plusieurs années à étudier les ouvrages des grands musiciens. Rentré en France à l'âge de douze ans, il fut nommé organiste de la cathédrale de Clermont-Ferrand. Le chapitre de cette église fut enthousiasmé du talent du jeune homme, et lui fit signer un engagement pour plusieurs années. Le jeune Rameau ne tarda pas à s'en repentir. Il n'était jamais allé à Paris et il n'ignorait pas que c'est seulement dans cette capitale des arts et des sciences que les talents se fortifient, s'affirment et sont définitivement consacrés. Il désirait vivement se rendre à Paris et demanda l'autorisation de cesser ses fonctions, mais l'évêque de Clermont s'y opposa.

Le chapitre consulté déclara qu'il ne pouvait se passer des services d'un organiste aussi habile. Rameau fort ennuyé de ces résistances se décida à faire un éclat, afin de rendre impossible son séjour à Clermont. Son amour de la gloire le poussa à risquer sa réputation, bien assuré qu'il était de réparer la faute qu'il se préparait à commettre.

Le jeudi de l'octave de la Fête-Dieu, Rameau s'arma de courage. Il fit une dernière demande au chapitre et, sur le refus de celui-ci de le laisser partir pour Paris, il monta à l'orgue d'un pas résolu au commencement de la messe. Une foule recueillie remplissait l'église, elle écoutait en silence les préludes harmonieux du jeune organiste. L'admiration grandissait dans l'assistance lorsque tout à coup des hurlements plaintifs, des sons discordants, des notes bizarres, des airs burles-

ques sortent de l'instrument. L'on se
regarde, chacun murmure et chuchotte,
mais des miaulements résonnent, des
couic, des couac se font entendre. C'est
un scandale inouï. La stupéfaction est
à son comble. Les chanoines délibèrent
et envoient des délégués pour parlemen-
ter. La porte était fermée. C'est par le
trou de la serrure que Rameau signifie
ses volontés. Il entend reprendre sa liberté
et déclare qu'il va recommencer le chari-
vari. On lui répond en lui proposant de
doubler ses appointements. Rameau refuse et persiste dans ses volontés. Enfin
on passe sous la porte l'engagement dé-
chiré par le chapitre et le congé qui lui
est signifié. Enchanté de ce résultat, le
jeune organiste se remet à l'orgue et fait
des prodiges. Le public charmé avait
peine à retenir ses applaudissements. Ce
fut sa dernière audition à Clermont.
Rameau dépassa ce jour-là l'heure ordi-
naire. L'office fut terminé fort tard, mais
les auditeurs pardonnèrent au jeune
homme, et quittèrent l'église pénétrés
d'un enthousiasme indescriptible.

Arrivé à Paris, Rameau publia son

Traité d'harmonie. Le financier La Popelinière le protégea. Voltaire lui confia le libretto de son opéra de *Samson,* mais l'autorité ecclésiastique empêcha la représentation sous prétexte qu'un sujet religieux ne pouvait être représenté sur un théâtre. Rameau fit jouer un grand nombre d'opéras, il devint compositeur du cabinet du roi Louis XV.

Sa biographie complète dépasserait les limites de cette étude consacrée uniquement à sa jeunesse. Rameau mourut à Paris, le 12 septembre 1764, à l'âge de 83 ans. Ses nombreux travaux théoriques sont aussi remarquables que ses opéras. Il attachait même beaucoup plus d'importance à ceux-là, qu'à ceux-ci.

LA RAMÉE

Pierre La Ramée, qui devint un des premiers savants de l'Europe, sous le nom de Ramus, naquit à Cuth, en Vermandois, vers 1505. Il était fils d'un gentilhomme que les guerres avaient complètement ruiné et qui, réfugié en Picardie, s'était mis à fabriquer du charbon de bois dans les forêts. Ses parents moururent alors qu'il avait à peine trois ans. Il se mit à mendier et errait de village en village pendant plusieurs années, couchant l'hiver dans les étables, et l'été à la belle étoile. Vers l'âge de six ans, un paysan s'empara de lui, l'arma d'une baguette et lui confia la mission de conduire les oies à la mare voisine ; mais les oies n'écoutaient guère les ordres de leur jeune conducteur et refusaient souvent

de rentrer à la basse-cour. Il en résultait
pour l'enfant les plus graves inconvé-
nients. Son maître lui reprochait son
inhabileté dans sa profession et le corri-
geait énergiquement. La Ramée se dé-
goûta vite du métier. Un jour il laissa
son troupeau continuer seul la promenade
quotidienne, et, poussé par l'esprit d'indépendance, il se remit à mendier par les
chemins. Le désir de s'instruire s'empara
de lui, et d'instinct, il se dirigea vers
Paris. Chemin faisant, il rencontra un
moine qui lui enseigna les lettres de l'al-
phabet. Arrivé par la route de Saint-
Denis, La Ramée admira les belles mai-
sons et les beaux magasins de la capitale.
Il se rendit dans le quartier des Ecoles,
dans la rue du Fouarre, qui était alors le
centre scolaire de Paris. Il rencontra là
un grand nombre d'enfants des colléges
voisins qui étaient en train de s'amuser.
La rue du Fouarre servait, dans ce temps-
là, de salle de récréation aux écoliers.
Elle était jonchée de bottes de paille sur
lesquelles les étudiants se reposaient et
prenaient leurs repas dans la journée.
L'on commença par se moquer du nouvel

arrivant. La Ramée avait alors huit à
neuf ans ; il était tout déguenillé et mou-
rait de faim et de fatigue. L'un des écoliers eut pitié de lui. Il raconta son histoire à ses camarades, qui lui donnèrent
du pain et l'autorisèrent à se reposer sur
la paille, à côté d'eux. Ne sachant où
coucher, La Ramée se réfugia sous une
arche du pont de la Cité, et c'est là qu'il
passa les nuits pendant plusieurs mois.
Le jour il faisait les commissions des écoliers qui, en échange, lui donnaient quelques morceaux de pain et lui enseignaient
quelques bribes de latin et de grec. Très
satisfait de son sort, La Ramée ne se
préoccupait nullement de l'avenir, mais
les vacances arrivèrent, et la joyeuse ni-
chée des écoliers s'envola. La Ramée
n'eut plus d'ouvrage. Pour comble de
malheur, la peste se déclara à Paris, et
la misère cruelle qui en résulta ne laissa
à l'enfant aucune illusion sur le sort qui
l'attendait. Il se trouva, en conséquence,
forcé de reprendre le chemin du pays
natal ; mais son violent désir de s'instruire
le ramena de nouveau à Paris, où un
parent s'occupa de lui trouver un emploi.

A l'âge de 12 ans, il était valet au collége de Navarre ; il avait pour occupation le balayage des classes et des autres parties de l'établissement. En écoutant derrière les portes, en lisant pendant la nuit des livres et des cahiers d'élèves, il arriva à acquérir des connaissances assez variées. Il se mit à rédiger des cahiers qui, étant tombés un jour aux mains d'un professeur, firent l'admiration du personnel enseignant du collége. On interrogea le le petit valet, et l'on constata avec étonnement qu'il était plus savant que la plupart des élèves de l'établissement. La Ramée passa alors sa thèse de maître ès-arts. Il osa soutenir contrairement à toutes les doctrines admises et enseignées alors dans l'université que les théories et les principes du grand philosophe Aristote étaient faux. Cette audace attira sur le jeune valet l'attention des docteurs, et ils l'appelèrent bientôt au professorat au collége de l'*Ave Maria*, où il enseigna la philosophie et l'éloquence, chose rare pour l'époque. La Ramée qui avait, suivant l'usage du temps, pris le nom latin de Ramus, s'attacha à simplifier l'enseignement. Il s'exprimait , dit - on , d'une manière extrêmement compréhensible, contrairement à l'habitude prise par les autres professeurs qui cherchaient plutôt à faire montre de science et d'habileté dans les argumentations que de tenir un langage naturel et mis à la portée de la jeunesse. Il y avait dans l'enseignement universitaire un fatras de formules de raisonnements bizarres, stériles ou obscurs, qui absorbait tout le temps des études et qui entravait le développement intellectuel des élèves. Ramus se débarrassa de tout ce langage scolastique, et enseigna que la raison domine tout. Ses opinions, très avancées pour l'époque, lui attirèrent beaucoup d'inimitiés. Les docteurs de la Sorbonne furent ses dénonciateurs. Le roi François Ier, pour s'éclairer, décida qu'une discussion publique aurait lieu entre le savant et fougueux professeur Antoine Govea et Ramus. Une commission d'examen, composée de cinq docteurs ennemis de Ramus, fut chargée de suivre l'argumentation des deux adversaires. L'université était très émue des querelles que suscitaient ces incidents.

Dès les premiers instants, Ramus remarqua que ses juges avaient un parti pris contre lui, et il abandonna la séance. Il fut immédiatement traduit devant le parlement, et le conseil du roi qui évoqua l'affaire le condamna à ne plus enseigner la philosophie et à voir brûler ses ouvrages. Ramus se mit alors à enseigner la littérature et les sciences exactes. Le roi Henri II leva l'interdiction qui pesait sur lui, et l'autorisa à reprendre ses cours de philosophie et à éditer de nouveau ses ouvrages. Nommé professeur titulaire de philosophie au collége de France, il fit paraître une nouvelle édition d'Aristote, fit des grammaires grecque, latine et française. Il se jeta dans le parti de la Réforme et fut condamné à quitter Paris, ainsi que tous ses correligionnaires. Il se réfugia à Fontainebleau, puis à Vincennes. Après la paix d'Amboise, il rentra au collége de France. Persécuté de nouveau, il se rangea sous les drapeaux de Condé et de Coligny. Puis il voyagea en Allemagne. Rentré à Paris, il se vit retirer le droit d'enseigner. Il se retira au collége de Presles et s'occupait de travaux de théologie, lorsque le massacre des protestants fut décidé par Catherine de Médicis. Les ennemis de Ramus forcèrent la porte du collége, l'égorgèrent, le précipitèrent par la fenêtre et traînèrent son corps dans la Seine, le jour de la Saint-Barthélemy, le 26 août 1572.

CHARLES LINNÉE

Le célèbre naturaliste Linnée est, pour
la jeunesse, un modèle accompli de per-
sévérance et de courage. Né à Rashult,
province de Smaland, en Suède, le 12 mai
1707 ; son père était ministre protestant
et n'avait aucune fortune. Destiné à l'état
ecclésiastique, le jeune Charles fut placé
par son père au collége de Vexiœ, avec
les enfants des villages voisins. Son goût
pour la botanique se révéla dès ses plus
jeunes années. La règle de l'établissement
n'était pas très sévère. Linnée suivait les
classes avec beaucoup d'irrégularité. Il
négligeait les livres et préférait étudier la
nature. Il faisait d'interminables promenades dans les champs, recherchant les
plantes, étudiant les fleurs, sans maître
et sans guide. Il remarquait les phéno-

mènes de la végétation, le mode de reproduction des végétaux, les ressemblances et les différences qu'ils ont entre eux, les lois de leur développement. Il trouvait un charme si grand dans ces études et dans ces observations, que rien ne pouvait l'en détourner; il avait pour les plantes une véritable passion. En vain ses parents et ses maîtres lui adressaient les plus sévères remontrances; en vain on lui reprochait son ignorance des connaissances qui font, à son âge, la base de l'éducation de l'enfance, il n'écoutait rien et continuait à placer ses études solitaires au-dessus de tout le reste.

Classé parmi les plus mauvais élèves du collége, il fut retiré par son père qui, désespérant de pouvoir jamais en rien faire de mieux, le confia à un cordonnier pour lui apprendre son état. Il resta dans l'échoppe du cordonnier pendant plusieurs années en qualité d'apprenti, et souffrit beaucoup de la privation de sa liberté. Le pauvre enfant qui était habitué à la vie de la campagne, aux courses en plein air, se trouvait contraint de rester enfermé dans un appartement étroit, puant le cuir neuf. Assis sur un tabouret de savetier, Linnée tirait le fil poisseux et battait les semelles en songeant à ses chères plantes, au beau soleil qui brillait au-dehors et dont les chauds rayons traversaient les vitres enfumées de l'échoppe.

Pendant l'hiver, Linnée prenait patience, mais l'été il était désespéré. Il entendait les enfants jouer dans la rue, il voyait les oiseaux voler dans l'espace avec de petits cris joyeux ; pendant ses courses dans le village, il apercevait les jardins, les prairies, les bois voisins. Mais le cordonnier le tenait sévèrement à la tâche, et le réprimandait vertement s'il restait trop longtemps hors de la boutique. Il parlait de ses travaux, de ses plantes, de la nature avec enthousiasme. Le cordonnier et ses ouvriers se moquaient de lui, et lui reprochaient sa paresse et son peu d'habileté. Mais les dimanches arrivaient, trop rares, hélas ! Alors, Linnée avait quelques heures de liberté. Il en profitait pour revenir à ses études d'histoire naturelle. Quelle joie pour le pauvre enfant lorsque l'heure de la promenade était venue ! Il courait aux champs, un morceau de pain dans sa poche, examinait ses fleurs, et après bien des observations il composa l'*Horloge de Flore*, qui indiquait l'heure où les corolles de chaque fleurs se ferment à l'approche de la nuit, comme si elles devaient dormir. Il s'oubliait de longues heures dans ces promenades solitaires, et en rentrant le soir il retrouvait dans sa poche le pain qu'il y avait placé le matin.

Un jour il rencontra par hasard dans la campagne un botaniste qui herborisait comme lui ; c'était un médecin, nommé Rotham, qui, après l'avoir interrogé et causé longuement, s'intéressa vivement à sa destinée et lui prêta des livres, notamment la *Botanique de Tournefort*. Il l'envoya bientôt à l'Université de Lunden, et le confia au professeur Stobœus. La joie de Linnée fut immense, il quitta le cordonnier avec le plus vif plaisir, et s'attacha à l'étude des sciences naturelles avec un courage et une ardeur de tous les instants. Mais ses épreuves n'étaient pas encore terminées. Pour vivre, Linnée fut obligé de revenir à son état de cordonnier, et à l'Université il se mit à faire et à ressemeler les chaussures de ses camarades. Un professeur eut pitié de lui : Olaüs Celsius, qui enseignait la théologie et qui était très versé dans les sciences naturelles, se chargea de pourvoir à ses besoins, et l'installa chez lui. Il travaillèrent ensemble, et Linnée eut à sa disposition une bibliothèque très complète. C'est là que le savant naturaliste se forma et qu'il augmenta considérablement ses connaissances. Enfin, vers l'âge de vingt-quatre ans, Linnée se lia avec le savant professeur Rudbeck, qui lui confia la direction du jardin botanique de l'Université d'Upsal, et lui donna la suppléance de sa chaire. Un avancement aussi rapide ne pouvait se produire sans exciter la jalousie des aspirants au professorat. On suscita mille difficultés au jeune savant. La jalousie et l'envie s'acharnèrent contre lui. Il fut forcé de quitter sa chaire, et, comme compensation, l'Académie des sciences de Stockolm lui donna une mission. Il fut envoyé en Laponie pour y recueillir des plantes.

Ce voyage terminé, Linnée se trouva

de nouveau dans une situation extrêmement précaire. Il travaillait beaucoup, mais son travail peu rémunéré ne lui permettait pas de vivre. Obligé de quitter la ville où il ne pouvait même pas subsister, il se rendit en Danemarck, puis en Hollande où il entra comme jardinier chez un riche amateur de plantes et de fleurs, nommé Clifford, qui devint l'ami du savant et l'aida puissamment par tous les moyens en son pouvoir. Il lui donna l'argent nécessaire pour publier *le Système de la Nature*, *les Fondements de la Botanique*, *la Bibliothèque de Botanique*, *la Classification des Plantes*, *la Critique de la Botanique*. Ces ouvrages eurent en Europe le plus grand succès. Il se mit alors à voyager en Angleterre et en France, et visita les savants de ces deux pays. Rentré en Suède, Linnée fut nommé médecin du roi et président de l'Académie des sciences. Puis il rentra à Upsal en qualité de professeur de botanique et enseigna avec éclat pendant trente-sept années. Ses ennemis, forcés de reconnaître son mérite, furent obligés d'ouvrir leurs rangs au jeune savant qu'ils avaient persécuté

quelques années auparavant. A sa **mort**
la ville d'Upsal tout entière prit le deuil.
Son tombeau fut placé dans la cathédrale,
et le roi de Suède, Gustave III, fit publiquement l'éloge du savant à l'Assemblée
des Etats de la nation.

L'on doit considérer Linnée comme le
fondateur de la science botanique. Il est
le créateur d'un système de classification
qui produisit une révolution complète
dans la botanique. C'est à lui que l'on doit
la véritable méthode scientifique pour
l'enseignement de l'histoire naturelle.

Le passage suivant, extrait de son *Système de la Nature*, montre l'élévation de
ses idées et la hauteur de vues qui le ca-
ractérisent :

« Eternel, immense, sachant tout, pou-
» vant tout, que Dieu se laisse entrevoir,
» et je suis confondu ; j'ai recueilli quel-
» ques-unes de ses traces dans les choses
» créées, et dans toutes, dans les plus
» petites mêmes, quelle force ! quelle
» inexprimable perfection ! Les animaux,
» les végétaux et les minéraux emprun-
» tant et rendant à la terre les éléments
» qui servent à leur formation ; la terre

» emportée dans son cours immuable au-
» tour du soleil, dont elle reçoit la vie ;
» le soleil lui-même tournant avec les
» autres astres, et le système entier des
» étoiles suspendu en mouvement dans
» l'abîme du vide, par celui qu'on ne peut
» comprendre, le premier moteur, l'être
» des êtres, la cause des causes, le con-
» servateur, le protecteur universel, et le
» souverain artisan du monde ! Qu'on
» l'appelle Destin. on n'erre point, il est
» celui de qui tout dépend. Qu'on l'ap-
» pelle Nature, on n'erre point, il est
» celui de qui tout est né ; qu'on l'appelle
» Providence, on dit vrai. car c'est sa
» seule volonté qui soutient le monde. »

JOSEPH BARRA

Le jeune héros des armées de la République naquit à Falaise en 1780. Ses parents étaient très pauvres et avaient un grand nombre d'enfants. Ils habitaient à Palaiseau, près de Versailles, au moment de la révolution de 1789.

Le manifeste de Brunswick, par lequel toute l'Europe coalisée déclarait la guerre à la République française, avait surexcité les patriotes, et les enrôlements volontaires étaient devenus extrêmement nombreux. Des jeunes gens imberbes, des enfants même s'engageaient avec enthousiasme dans les rangs des armées françaises. L'élan patriotique était général, et de toutes parts on voyait arriver à Paris des troupes de volontaires qui venaient offrir leur sang pour la défense de la liberté menacée et pour la protection du sol de la patrie. Le jeune Barra avait alors douze ans. Il sollicita l'honneur de servir dans un régiment qui combattait en Vendée. On l'admit en qualité de tambour. Il envoyait régulièrement à sa mère, qui était devenue veuve, la solde bien faible du reste qu'il recevait chaque semaine. Au combat de Chollet, Joseph Barra avait été envoyé avec plusieurs autres tambours très près des lignes ennemies pour simuler une charge dans une direction où il convenait d'attirer les Vendéens afin de les surprendre d'un autre côté; Barra avait fait deux prisonniers, mais son ardeur juvénile l'entraîna loin de ses camarades, et il se trouva cerné par une bande ennemie. Frappés de sa jeunesse, les Vendéens l'épargnèrent, mais ils voulurent le forcer à crier *vive le Roi. Vive la République !* s'écria Barra avec un geste superbe d'ironie. Il tomba percé de vingt coups de baïonnette et mourut en embrassant sa cocarde tricolore. Il était âgé de treize ans. Cet acte héroïque de courage fut honoré publiquement à la Convention nationale qui ordonna de porter au Pan-

théon le buste du jeune Barra, et décida
qu'une gravure représentant sa 'mort glo-
rieuse serait placée dans toutes les écoles
primaires. Une pension de 1000 francs
par an fut accordée à sa famille ; sa mère
fut admise à une séance de la Convention
dans l'enceinte réservée aux représentants
de la nation, et le président lui donna
l'accolade fraternelle.

L'acte de dévouement de Barra fut à
cette époque célébré par les poètes sur
les théâtres, dans les écoles, dans les armées, partout enfin où vibrait le sentiment
patriotique. Plus tard, le grand sculpteur
David d'Angers exposa au salon une
statue représentant l'héroïque enfant
expirant.

Un jeune poète, mort à vingt ans,
Jacques Richard, a fait une pièce de vers
qu'il est impossible de ne pas citer en
écrivant la courte biographie de Barra.
Cette poésie est inspirée par les sentiments du patriotisme le plus pur et le
plus attendrissant :

C'était dans les grands jours de notre République,
Quand la Convention, de sa main héroïque,

Parmi les trahisons, les deuils, la lâcheté,
Conduisait, en chantant, la jeune liberté.
Elle avait fait un signe, et d'espoir enflammées
Du sol avait surgi, soudain, quatorze armées !
Les humbles paysans s'étaient levés héros ;
A vingt ans, s'ils vivaient, ils étaient généraux,
Et, s'ils mouraient, martyrs ! tous ces conscrits imberbes
Enfonçaient, d'un seul choc, des régiments superbes.
Aux peuples opprimés ils apportaient leurs lois ;
Des jeunes bras portaient les plus nobles exploits.
Ils étaient revêtus de sales souquenilles,
Mais des cœurs sans pareils battaient sous leurs guenilles.
A la voix du clairon, aux accents du tambour,
Ils pâlissaient de foi, de colère et d'amour.
A leurs lèvres en feu, point de jactances vaines ;
C'est un sang généreux qui coule dans leurs veines,
Un sang prompt à sortir et tout prêt à couler !
Ils ignorent comment on fait pour reculer.
  La Révolution guide ces volontaires ;
Ils marchent derrière elle, intrépides, austères,
Aujourd'hui sur l'Adige et demain sur le Rhin
En reprenant en chœur quelque viril refrain !
Au nord comme au midi, sur le Rhin sur l'Adige,
La victoire est leur sœur, et leur nom est prodige,
On répète souvent qu'ils ont froid, qu'ils ont faim,
Mais on n'a jamais dit qu'ils avaient peur. Sans pain,
Sans habits, mais le sein bouillant d'ardentes fièvres,
La République au cœur, la Marseillaise aux lèvres,
Ils vont par tous chemins et luttant pour tous droits,
Foulant sous leurs sabots trônes, sceptres et rois.
Un jour on se battait au fond de la Vendée !
Les blancs couvraient la plaine, âpre mer débordée

D'hommes et de chevaux, de canons et de sang.
La mort rasait le sol, et, de son bras puissant,
Joyeuse, elle couchait les escadrons par terre.
Les Bleus pliaient. — Un d'eux, un pâle volontai..
Un enfant, les ramène et s'élance... Il est pris !
 Environné soudain de poignards et de cris,
Il voit mille fusils menacer sa poitrine ;
Mais un muet dédain a gonflé sa narine !
Il regarde le ciel, et, d'un air exalté,
Il cherche ton divin sourire, ô liberté !
Il sait qu'il va mourir et trouve la mort belle.
Que lui font ces soldats qui l'appellent rebelle ?
Du geste il les défie ; il est même honteux,
Et lâche de paraître hésiter devant eux.
Son dernier lit sera la sanglante broussaille ;
C'est là qu'il va mourir ! Tout à coup il tressaille ;
Ces mots sont arrivés à son cœur sans effroi :
« Il est sauvé, s'il veut crier : Vive le Roi ! »
Sauvés, ses jours offerts sur l'autel de la France
Sauvés, ses jours dorés bénis par l'espérance !
Et son bel avenir aux rayons éclatants
Magnifique et serein comme un ciel de printemps !
Sauvé, son front promis aux lauriers de la gloire
Et que d'ardents baisers pressera la victoire !
Sauvé, le frais trésor de sa jeunesse en fleur !
Sauvé, ce front naïf ignoré du malheur !
Grands arbres, claires eaux, des bruits et des ramages
Mille doux souvenirs, mille chères images !
Défilèrent en foule à ses yeux éblouis,
Il revit le passé, ses jours évanouis,
Une cabane aux bois, doigts tremblants, tête grise
Et filant sur le seuil, sa vieille mère assise ;

Le lit aux rideaux verts, l'armoire de noyer
Et sa petite sœur jouant près du foyer.
Et l'aïeule affaissée, au front mélancolique,
Alors l'enfant cria : « Vive la République ! »
(Il avait quatorze ans), et d'un bras triomphant
Les défenseurs du droit égorgèrent l'enfant !
O Barra ! tes pareils étaient grands et sublimes !
Ils marchaient en chantant sur le bord des abîmes ;
Ils marchaient jeunes, fiers, se tenant par les mains
Et le monde tremblait sous leurs pas surhumains !
Ils étaient les soldats de la cause éternelle,
La sainte liberté les couvrait de son aile,
Le mâle enthousiasme habitait dans leurs seins ;
Ils parcouraient l'Europe en rapides cohortes.

* *

VINCENT VIVIANI

Parmi les nombreux savants qui honorent l'Italie, il en est bien peu dont l'enfance ait été plus malheureuse que celle de Vicenzio Viviani, le célèbre geomètre, né aux environs de Florence en 1622, d'une famille de pauvres laboureurs. Ce grand mathématicien, qui devait par la suite devenir l'ami de Galiléo et de Toricelli, le protégé et le pensionné de Louis XIV, des Médicis, du roi de Pologne Casimir, arriva à Florence en 1638. Son père infortuné n'avait plus de quoi suffire à ses besoins. Un jour il lui avait dit : « Mon fils, te voilà déjà grand garçon, j'ai remarqué ton esprit actif et ingénieux, tu trouveras à la ville des gens qui te feront travailler et qui te donneront de quoi vivre. Ici, nous sommes trop nombreux à la maison ; tu vois notre misère et nos chagrins de chaque jour. Voici tes habits du dimanche, tes souliers neufs, quelques p tites pièces de monnaie que j'économise depuis un an pour toi. Va, mon enfant ; à Florence il y a quelque chose à faire pour toi. Ici tu finirais par mourir de faim, comme tes parents ; tu peux mieux faire que cela. Embrasse ton père, sèche tes larmes, sois courageux et honnête. Va, et que Dieu te protége. »

Le jeune homme essuya ses yeux, passa son bâton dans son paquet de nippes, fit rapidement ses adieux à sa famille et à ses voisins, et prit sans murmurer le chemin de la ville. Arrivé sur les bords de la rivière de l'Arno qui arrose Florence, il s'arrêta pour se baigner. Il savait que la propreté, surtout dans les villes, est considérée comme une vertu. Il secoua la poussière de ses pieds, époussela ses habits, et entra à Florence la tête haute et le cœur rempli d'espérance et de courage.

Ne connaissant aucun métier, il ne pouvait avoir la prétention d'entrer dans un atelier ou dans un magasin. Il savait le latin! que le curé de son village lui avait appris en quelques mois. En lui traduisant quelques psaumes de son livre de messes, le curé lui avait montré comment il fallait s'y prendre. Immédiatement le jeune Viviani s'était mis à traduire tout seul les autres psaumes. D'autre part, avec les éléments de l'arithmétique et les premières notions de la géométrie, il était parvenu à deviner le reste et à compléter son éducation, par la force de la réflexion et la merveilleuse organisation de son esprit inventif.

Arrivé à Florence, il commença par se promener dans les belles rues et il s'arrêtait à chaque pas pour se rendre bien compte de toutes les merveilles qu'il rencontrait. Il questionnait les passants et les marchands pour se faire expliquer ce qu'il ne comprenait pas. Un objet extraordinaire attira tout particulièrement son attention ; c'était une lanterne magique. Il ne savait pas ce que l'on pouvait faire avec cet objet incompréhensible et mystérieux. Il était parvenu à s'expliquer bien des choses, mais celle-là troublait son esprit. Il regardait la lanterne dans tous les sens, l'énigme restait toujours sans solution. Enfin, il se décida à demander au marchand l'explication qu'il ne pouvait arriver à se donner à lui-même.

Le marchand alluma la petite lampe, plaça l'écran, fit passer les verres coloriés entre la lentille grossissante et la lampe; le jeune paysan fut émerveillé. Une idée lumineuse traversa son esprit, il comprit que tous les enfants de la campagne seraient, comme lui, enchantés d'un pareil spectacle, et qu'ils donneraient quelques pièces de monnaie pour assister à une représentation. Pour regarder la tentation de Saint-Antoine, monsignor le soleil, madame la lune, notre Saint-Père le pape en grand costume de cérémonie, chacun verserait bien à la caisse du montreur de lanterne magique deux ou trois sols. C'était là une industrie facile et lucrative. Vincent Viviani chercha dans la poche de sa veste et montra au marchand toute sa petite fortune; il lui offrit de la lui donner en échange de la lanterne magique; mais le marchand ne trouva ces offres suffisantes et déclara qu'il faudrait plus de dix fois la fortune du petit campagnard pour payer un jouet aussi rare et aussi curieux. Viviani était désolé, il exposa au marchand son intention de s'établir montreur de lanterne magique, et de voyager dans les campagnes voisines. Le marchand proposa alors un arrangement de nature à donner satisfaction aux deux intéressés. Il ne pouvait vendre la lanterne, puisque Viviani n'avait pas l'argent nécessaire pour la payer; mais il pouvait bien la lui louer, et chaque semaine le voyageur en rentrant à Florence payerait le loyer de la lanterne.

Viviani accepta cette offre qui mettait le comble à ses vœux. Il se mit à parcourir les environs de Florence, allant de village en village, montrant sa lanterne magique, et rapportant quelques francs à la fin de la semaine. Cette industrie était peu lucrative, le marchand conseilla à Viviani de ne plus faire de voyages, mais de rester à Florence où le métier serait peut-être meilleur. Notre montreur de lanterne magique s'installa sous la grande porte du palais Strozzi, et appelait les passants pour leur faire voir le spectacle.

La recette fut aussi mauvaise à Florence que dans la campagne ; certaines journées ne produisaient que quelques sols. On rapporte qu'un soir qu'il pleuvait très fort, le jeune Viviani était menacé de ne pas recevoir un liard. Il remarque un passant âgé, à la marche lente, à l'air sombre et préoccupé ; il court à lui, et d'un ton suppliant il le prie de venir voir les ombres magnifiques de sa lanterne. Le passant hésitait. — Si vous ne venez, lui dit Viviani, je ne mangerai pas ce soir et je serai obligé de coucher ici sous la pluie. Touché de compassion, l'étranger accepte et vient assister au spectacle. Le jeune homme explique longuement les phénomènes qu'il montre, et étonne l'étranger par la lucidité et la précision scientifique des démonstrations qu'il expose. Celui-ci l'interroge et remarque qu'il a devant lui un jeune homme d'une intelligence supérieure et d'un savoir extraordinaire. Il l'invite à venir le trouver. — Venez demain chez Galilée, lui dit-il, il vous montrera aussi, le soleil, la lune et les phénomènes du ciel. Galilée, car c'était bien lui qui venait de regarder

la lanterne magique, instruisit le jeune
Viviani, lui enseigna les sciences exactes,
le garda dans sa maison et fit de lui l'un
des plus grands mathématiciens de son
siècle. A la mort de Galilée, Viviani se
lia très intimement avec Torricelli qui
était comme lui élève de Galilée.

Viviani et Torricelli continuèrent les
enseignements de Galilée.

Par la suite, Viviani devint un des
premiers savants de l'Italie, le petit montreur de lanterne magique fut un astronome et un ingénieur du plus grand
mérite. Les Médicis le comblèrent de
bienfaits. Colbert lui accorda, sur la cas-
sette du roi Louis XIV, une pension im-
portante; le grand duc Ferdinand le
nomma son premier ingénieur. Il fut élu
membre de plusieurs Académies étrangères, de l'Académie des sciences de
Paris, de la société royale de Londres, etc., etc. Pour ne pas quitter sa
patrie, il refusa de venir en France, où le
roi désirait le nommer astronome. Il
travailla pendant quarante années à son
traité de géométrie, et par un prodige de
génie incroyable, il reconstitua les cinq

livres de la géométrie du célèbre mathématicien grec Aristée, qui avaient été perdus depuis plusieurs siècles. Il résolvait avec une simplicité surprenante et une extrême précision les problêmes les plus ardus de la géométrie. Il a laissé sur cette science des ouvrages très remarquables : *Les Surfaces coniques; les Corps solides; Démonstrations de problêmes.* Il mourut à l'âge de quatre-vingt-deux ans, ayant conservé ses merveilleuses facultés intellectuelles jusqu'à cet âge avancé, en emportant dans la tombe l'admiration et le respect de tous les savants de l'Europe et de tous ses concitoyens.

JAMES CRICHTON

James Crichton naquit au château de Cluny en Ecosse, en 1560 ; était le fils du lord avocat d'Ecosse. et il appartenait par sa mère à la famille des Stuarts, qui avait sur le trône d'Angleterre l'un de ses membres. Il s'adonna au travail dès ses plus jeunes années avec une ardeur et une intelligence extraordinaires. Ses progrès furent rapides et étonnèrent tous ses maîtres. A l'âge de douze ans, il passa avec succès l'examen de bachelier ès-arts ; deux ans après, il fut reçu maître ès-arts à l'université de Saint-André. A dix-sept ans, comme Pic de la Mirandole, il avait parcouru tout le cercle des connaissances humaines. Il savait parler et écrire dix langues ; il connaissait parfaitement le dessin, la peinture, l'équitation, l'escrime, le chant, la danse, la gymnastique, la théologie, la jurisprudence, l'hébreu, le grec, le syriaque, l'arabe, le latin, l'espagnol, le français, l'italien, l'anglais, le hollandais, le flamand et le slavon. Il arriva à Paris et provoqua tous les savants des universités à un tournoi littéraire, philosophique et scientifique. Il fit afficher aux portes des colléges et devant la demeure des savants les plus en renom qu'il soutiendrait dans six semaines des thèses sur tous les sujets qu'il plairait à chacun de lui proposer, au collége de Navarre; qu'il s'engageait à répondre en prose et en vers, et en douze langues. Loin de se préparer dans l'intervalle qui allait s'écouler avant les épreuves, d'étudier les parties les plus difficiles de ces thèses, le jeune Crichton passa son temps en fêtes et en plaisirs de tout genre, étonnant les étudiants par sa grâce et son habileté dans tous les exercices du corps. Cinquante jeunes gens se présentèrent pour lui poser les questions les plus difficiles. Trois mille personnes assistaient à la séance, et plusieurs philosophes se préparaient à l'interroger. Déjà l'heure était venue, et Crichton n'arrivait pas. On commençait déjà à le traiter d'imposteur

et de fanfaron lorsqu'il entra précipitam-
ment dans la salle, s'excusant d'avoir fait
attendre l'assistance pendant quelques
minutes à cause d'un duel qu'il venait
d'avoir un instant auparavant, et dans
lequel il venait de tuer son adversaire.
Pendant neuf heures, le jeune écossais
répondit à toutes les questions qui lui
furent faites, et l'auditoire applaudissait à
toutes ses réponses. Il employait, au choix
des interrogateurs, les langues étrangères,
les langues anciennes, et même au milieu
d'une phrase il changeait de langue avec
une facilité et une érudition vraiment
extraordinaires. Les hommes d'église, les
savants, les professeurs qui l'écoutaient
étaient dans une admiration profonde et
sincère. Enfin, après qu'il eut lassé tous
ses adversaires, le recteur qui présidait la
cérémonie l'embrassa, lui fit hommage
d'une bague en diamants, d'une bourse
pleine d'or, et lui attribua la qualification
d'*admirable*, qu'il porta toujours depuis
cette époque. Le soir, au lieu de se reposer, on le vit dans un bal se montrer
danseur infatigable, puis il alla passer
la nuit joyeusement dans un cabaret en

renom avec les gentilshommes et les étudiants les plus libertins de l'époque. Dès
le lendemain, il accepta un défi au. car-
rousel, dans la cour du Louvre, et le jour
même il triompha par son adresse de tous
ses rivaux, dans les exercices divers auxquels la jeunesse de Paris avait alors
l'habitude de se livrer. La réputation de
Crichton se répandit dans toute l'Europe. Il n'était question dans les universités que de c. *génie monstrueux*, comme
l'appelait le savant Scaliger, de cet *ante-
christ*, ainsi que le surnommait alors un
autre savant.

De retour en Angleterre, il servit pendant deux ans dans l'armée et prit part
aux guerres civiles qui désolaient son
pays. Là, il fit preuve d'un courage et
d'une habileté remarquables ; la stratégie
et les sciences militaires lui étaient aussi
familières que les belles lettres et la philosophie. Il se dirigea ensuite vers Rome,
où il arriva en 1580. Il donna dans cette
capitale une nouvelle preuve de son
savoir et de son éloquence en soutenant,
comme Pic de la Mirandole, une thèse
sur toutes les sciences connues. Il en fit

l'annonce en ces termes : « *Nous, James Crichton, écossais, répondrons, par improvisation, à toute question qui nous sera posée.* » Cette épreuve remarquable fut subie par lui, en présence du pape et des plus hauts dignitaires de la cour de Rome et des diverses universités. Il sortit vainqueur de cette épreuve d'une manière éclatante. Il en fut de même à Padoue, à Venise, partout où il se présentait ; dans tous les exercices, dans tous les examens il sortait victorieux, et emportait l'admiration enthousiaste des assistants. A Venise le doge et le sénat désirèrent le voir. Il se rendit au palais du sénat et prononça un discours qui fut couvert d'applaudissements, tant était brillante son éloquence. Le savant Imperiali dit qu'on le regardait alors comme un prodige de la nature. Atteint d'une maladie grave, il resta quatre mois à Venise, d'où il se rendit à Padoue en 1581. L'Université de Padoue possédait alors les savants les plus éminents de l'Europe. A l'annonce de son arrivée, les notables et les savants de la ville se réunirent et lui firent une réception publique

4

des plus honorables. Sans préparation, il improvisa immédiatement un poème dans lequel il célébra la ville hospitalière de Padoue, son université et toutes les personnes présentes. Puis il discuta pendant six heures avec les docteurs qui l'entouraient, un grand nombre de sujets de philosophie et de science, et fit l'admiration de l'assistance par son savoir étendu et par sa modestie.

Ayant remarqué que l'Université de Padoue était absolument inféodée à la philosophie d'Aristote, et que les savants ne voulaient pas admettre tout ce qui n'était pas entièrement conforme aux théories d'Aristote, il osa attaquer de front ce grand maître du moyen-âge, et publia qu'il s'engageait à démontrer les nombreuses erreurs d'Aristote et de ses disciples, et cela dans la forme que l'on désirerait, soit en discussion publique, soit par le langage secret des nombres et le raisonnement des mathématiques, ou encore au moyen de rhytmes poétiques. L'épreuve fut soutenue devant un auditoire savant et nombreux dans l'église Saint-Pierre et Saint-Paul. Pendant trois

jours le jeune homme soutint ses propositions avec une énergie, une érudition et
un éclat qui enthousiasmèrent non seulement les docteurs, mais tout le peuple
assemblé. Le savant Alde Manuce prétend
que jamais personne n'a reçu pareilles
ovations, et que jamais un combat aussi
miraculeux n'a eu lieu dans les Universités.

Pour terminer la séance, Crichton fit
un discours très habile sur les avantages
de l'ignorance, et arriva à se faire ap-
plaudir tout en ayant l'air de se moquer
de ses interrogateurs.

A Mantoue, le duc de Gonzalve le pria
de se charger de l'éducation de son fils,
Vincent; le jeune Crichton accepta d'être
son compagnon et son mentor. Le jeune
prince était perverti par les passions et
par les débauches. Crichton le suivait
partout, et s'efforçait de redresser ses
vices, mais il n'y arrivait guère. Les
travers de l'héritier de la couronne ducale
de Mantoue, lui occasionnaient des difficultés sans nombre dans la ville. C'était
chaque jour des aventures scandaleuses,
des duels, des affaires inextricables de

tout genre. Il y avait alors à Mantoue un duelliste fameux, qui faisait de nombreuses victimes. Le duc ne pouvait empêcher les crimes de ce spadassin, proposa quinze cents pistoles à quiconque en débarrasserait ses Etats. Crichton se chargea de cette mission, il provoqua le lutteur en duel, et annonça qu'il le frapperait exactement aux mêmes parties du corps, où il avait lui-même blessé mortellement ses trois dernières victimes. Il n'y manqua pas et tua son adversaire. Puis il distribua les quinze cents pistoles aux trois **veuves** des duellistes victimes de son adversaire.

Pour détourner son élève des amusements coûteux et dangereux auxquels il ne cessait de se livrer, le jeune Crichton entreprit de l'occuper des représentations théâtrales dont il composa les pièces. **Un** jour il joua dans une comédie quinze personnages différents, et trouva le moyen de flétrir de quinze manières différentes les travers et les folies du jeune prince. Celui-ci supportait avec humeur les satires de Crichton et les sages remontrances de son père. Ennuyé de voir toujours l'Ecossais l'emporter sur lui dans tous les exercices, par son élégance, son entrain, sa verve, son savoir, il conçut pour lui une haine implacable. Ayant remarqué que Crichton allait chaque soir se promener solitairement aux environs de Mantoue, muni seulement de son épée et de sa guitare, il forma le projet de l'assassiner. Une nuit en rentrant de sa promenade accoutumée, l'Écossais rencontra dans une étroite rue douze hommes armés qui l'attaquèrent. Surpris d'une façon aussi déloyale, il pensa qu'il avait affaire à des brigands. Il fondit sur eux avec impétuosité et en blessa onze mortellement. Un seul assassin restait, Crichton le désarma en un instant et remarqua qu'il était masqué. Celui-ci se voyant perdu se démasqua immédiatement, c'était le prince Vincent de Gonzalve. Terrifié, Crichton s'arrête, reproche à son élève son ingratitude et sa perversité, puis il lui tend sa propre épée en signe de pardon. Le misérable prince la prend et d'un coup violent perce au cœur son maître, qui tombe mort à ses pieds. James Crichton n'avait alors que vingt-trois ans. La nouvelle de ce meurtre abominable plon-

gea la ville dans la tristesse : la cour porta
le deuil pendant neuf jours et fit à Crichton de magnifiques funérailles. Les élé-
gies, les pièces de vers, les épitaphes
arrivèrent en foule et furent fixées sur le
drap mortuaire du jeune prodige. Les
contemporains prétendent que la longueur de ces écrits dépassait celle des œuvres d'Homère.

De nombreux historiens ont raconté la
vie et les exploits de Crichton. tous s'ac-
cordent à le représenter comme un jeune
homme accompli, travailleur infatigable,
doué d'aptitudes merveilleuses pour toutes les sciences et tous les arts. Il possédait une qualité qui manque bien souvent
à la jeunesse de nos jours, l'audace, non
pas celle d'un esprit présomptueux et
plein d'orgueil, mais celle d'une âme
grande et élevée qui a conscience de sa
force et de sa valeur.

JAMERAY DUVAL

Valentin-Jameray Duval naquit à Arthenay en Champagne en 1695 d'une pauvre famille de laboureurs. Son père mourut alors que l'enfant était âgé de dix ans. Sa mère, réduite à la plus affreuse indigence et chargée de famille, confia Valentin, qui était l'aîné, à un paysan pour garder les dindons. Cette année-là, la guerre et la famine désolaient la France. Le jeune Duval était d'un naturel inquiet, vif et plein d'espièglerie. Ayant entendu dire que les dindons sont effrayés par les étoffes rouges, il voulut en faire l'expérience, et attacha un morceau de drap rouge au cou de l'un de ses élèves. La malheureuse bête fut si épouvantée et s'agita tellement, qu'elle en creva. Le paysan congédia immédiatement le jeune gardeur de dindons. Ne sachant où aller, n'osant rentrer chez sa mère, qui ne pouvait du reste le nourrir, Jameray Duval prit la fuite. L'on était alors au commencement de ce terrible hiver de 1709, qui fut le plus rigoureux du siècle, et pendant lequel la France eut tant à souffrir. La misère était si grande, que personne ne voulut consentir à recueillir le petit voyageur. Il n'y avait pas d'ouvrage pour lui dans les villages qu'il traversait. Chacun restait enfermé, vivant comme il le pouvait ; la neige couvrait la terre ; les paysans soignaient le bétail dans les étables et ne voyageaient point. Les travaux étaient entièrement suspendus, et, comme les provisions de chacun s'épuisaient rapidement, nul n'avait souci du pauvre enfant. C'est à peine si l'on consentait à le laisser coucher sur le foin et à lui donner quelques morceaux de pain noir. Il a, par la suite, fait lui-même le récit de ses tribulations, de ses angoisses et de ses souffrances. Voici ce qu'il raconte au sujet de cette période navrante de sa jeunesse :

« En allant de Provins à Brie, je fus attaqué par un si violent mal de tête, qu'il me semblait à chaque instant qu'elle allait s'ouvrir. Arrivé à la porte d'une ferme, je suppliai la personne qui vint à moi de me mettre au plus tôt dans quelque endroit propre à me réchauffer, et où je pusse me coucher pour supporter plus facilement la douleur intolérable qui m'accablait. Cette personne me conduisit sur-le-champ dans l'étable des brebis, où l'haleine de ces paisibles animaux ne tarda pas à dissiper l'engourdissement dont j'étais saisi ; mais à l'égard de la douleur qui me tourmentait, sa violence alla jusqu'au délire. Le lendemain au matin, le fermier étant venu pour savoir ce que je faisais, fut effrayé de me voir les yeux étincelants, enflammés, le visage bouffi, le corps rouge comme l'écarlate et tout couvert de pustules ; il n'hésita pas à me déclarer que c'était la petite vérole, et qu'infailliblement elle allait causer ma perte, parce que n'ayant pas lui-même de quoi subsister, il lui serait impossible de me soulager pendant une maladie de longue durée; qu'outre que l'intempérie de la saison la rendait mortelle, il me voyait hors d'état d'être conduit à portée des secours qui m'étaient nécessaires. S'apercevant que je n'avais pas la force de répondre à ses complaintes, il fut touché de compassion, et, m'ayant quitté, il revint un moment après, muni d'un paquet de vieux linge, dont il m'enveloppa comme une momie, après m'avoir dépouillé de mes habits. Comme le fumier des bergeries se divise par couches, le fermier se mit à en lever quelques-unes : il remplit la place qu'elles occupaient de menue paille d'avoine, me fit coucher au milieu, parsema ma personne de cette même paille en guise de duvet et roula sur moi, en forme de couverture, les divers lits de fumier qu'il avait levés, et après m'avoir entouré de cette sorte, il fit le signe de la croix sur moi et me recommanda à Dieu, bien persuadé que je n'échapperais pas à la mort. Je restai donc comme un autre Job, non pas dessus, mais enseveli dans le fumier jusqu'au cou. La chaleur de ce fumier et l'haleine du troupeau furent ce qui me sauva. Elles me procurèrent des sueurs, qui servirent de véhicule au poison dont j'étais imprégné ; de sorte que l'éruption s'étant faite en très peu de temps, il se fixa à l'extérieur, sans me causer d'autre accident, qu'un assez bon nombre de ces érosions que les beautés du siècle redoutent, avec justice, comme le fatal écueil de leurs attraits.

» Pendant que j'étais comme inhumé dans l'infection et la pourriture, l'hiver continuait à désoler les campagnes par les plus horribles dévastations. Derrière la bergerie, où je triomphais de ses rigueurs, il y avait plusieurs touffes de noyers et de chênes fort élevés ; je passai peu de nuits sans être éveillé par des bruits subits et impétueux pareils à ceux du tonnerre ou de l'artillerie ; et quand au matin je m'informais de la cause d'un tel fracas, on m'apprenait que l'âpreté de la gelée avait été si forte, que des pierres d'une grosseur énorme en avaient été brisées en pièces, et que plusieurs chênes, noyers ou autres arbres, s'étaient éclatés et fendus jusqu'aux racines.

» J'ai dit ci-dessus que le charitable

fermier m'avait assuré que son indigence ne lui permettait pas de m'assister selon son désir; et en effet, la taille et les impôts l'avaient tellement ruiné, qu'on s'était emparé de ses meubles, et que l'on avait vendu jusqu'au bétail destiné à la culture des terres; la bergerie n'aurait pas manqué de faire le même naufrage, si elle n'eût appartenu au propriétaire de la ferme. Ainsi mon hôte avait eu raison de me prévenir sur le traitement que je recevrais de sa part. Il est vrai que dans les commencements de ma maladie je ne lui fus pas fort à charge, puisque pendant plusieurs jours il me fut impossible de prendre la moindre nourriture; il y a même apparence que j'aurais péri d'inanition, si, au lieu de bouillon nourrissant dont j'étais privé, le bon fermier ne se fût avisé de me donner une sorte de bouillie à l'eau, assaisonnée seulement d'autant de sel qu'il en fallait pour la rendre moins insipide; il m'en envoyait deux fois le jour dans un vase en forme de grosse carafe, muni d'un bouchon, afin que je pusse l'enfoncer dans le fumier pour le préserver de la gelée. Ce fut là l'unique aliment dont je vécus pendant plus de quinze jours; et, à l'égard de la boisson, il fallait me contenter d'eau toute pure, qu'on m'apportait fort souvent à demi-glacée. Quand mon appétit parut exiger des aliments plus solides, les seuls que l'on fût en état de me fournir consistèrent en un peu de soupe maigre et quelques morceaux de pain bis, que la gelée avait tellement durcis, qu'on avait été obligé de les couper à coups de hache; de façon que, malgré la faim qui me pressait, j'étais réduit à le sucer ou à attendre qu'il fût dégelé par la méthode dont je me servais à l'égard de la bouillie.

» Malgré un régime de vie aussi austère, le pauvre fermier m'avoua qu'il ne pouvait plus en soutenir la dépense, et qu'il allait chercher à s'en débarrasser sur d'autres plus en état que lui de la supporter. Il parla au curé de la paroisse, située à trois quarts de lieue de la ferme où j'étais, lequel consentit qu'on me transportât dans une maison contiguë à la sienne. On me tira donc de mon tombeau le mieux qu'on put, et après m'avoir emballé dans quelques vieilles nippes et environné de deux ou trois bottes de foin pour me remparer contre la gelée, on me lia sur un âne, et une personne s'étant chargée de marcher à côté de moi pour m'empêcher de tomber, on me conduisit de la sorte jusqu'au village. On trouva en arrivant que j'étais à demi mort du froid que j'avais essuyé et l'on crut que, si j'en réchappais, je resterais au moins perclus de quelque membre. Cela me serait sans doute arrivé si l'on m'eut d'abord approché du feu; mais on eut la sage précaution de me frotter le visage, les bras et les jambes avec de la neige jusqu'à ce qu'ils eussent repris le sentiment. Pour ranimer le reste, on me remit dans un gîte pareil à celui dont on m'avait tiré, et huit jours après, le froid s'étant ralenti, on me donna une chambre et un lit, où, par la générosité et tous les bons soins du charitable curé, je ne tardai pas à recouvrer mes forces et ma santé. Mais par malheur, on m'avertit bientôt que je devais chercher condition, et c'est à quoi je tâchai de me résoudre. »

Jameray Duval continua son voyage, se dirigeant vers le Levant, on lui avait dit que de ce côté-là il trouverait probablement de l'ouvrage. Il traversa la Champagne et arriva sur les frontières de la Lorraine au village Senaide où un paysan lui confia la garde de son bétail. Il y resta environ deux années. Un jour il alla visiter l'Ermitage de la Rochette où habitait un solitaire nommé Palémon. L'ermite lui fit quelques questions et remarquant en lui des dispositions surprenantes pour l'étude des sciences, il le garda dans son Ermitage, fit son éducation, et l'associa à ses travaux rustiques. N'ayant plus rien à lui apprendre, l'ermite Palémon envoya son élève chez les moines de Saint-Anne qui lui donnèrent leurs vaches à garder. Là il compléta son éducation, il se mit à lire les livres de ses protecteurs et s'instruisit le mieux qu'il pouvait, étudiant dans les bois, en surveillant ses vaches.

Voici comment Duval fait le récit de son existence à Saint-Anne : « Je commençai une nouvelle carrière, j'appris à écrire ; un des vieillards me traça les éléments de cet art ingénieux d'une main décrépie et tremblante ; un modèle si défectueux ne pouvait produire que de mauvaises copies. Pour ne pas incommoder le bon vieillard et me passer de ses leçons, voici ce que j'imaginai, je détachai de ma vitre un carreau de verre, et, le posant sur mon exemple, j'écrivais sur la surface les mêmes lettres que je voyais au travers ; et ce fut par la répétition de cet exercice qu'en peu de temps j'acquis une assez grande facilité de mal écrire. Un abrégé d'arithmétique, que je trouvai dans un bouquin de la bibliothèque bleue, m'en apprit les quatre règles : cette admirable science, qui, par l'audace de ses calculs, porte le flambeau de la discussion jusque dans les ténébreuses régions de l'infini numéral, fut pour moi une source d'amusements et de plaisirs. Je choisis dans mes bois quelque réduit propre à y étudier, et il m'arriva assez souvent d'y méditer pendant une partie des belles nuits de l'été. Un soir, que je m'amusais à considérer ces amas de lumières répandus dans l'immensité du ciel, je vins à me souvenir que les almanachs

annonçaient qu'à certains jours de l'année
le soleil entrait dans des signes que l'on
distinguait par des noms d'animaux, tels
que le bélier, le taureau, etc.; je me mis
en tête de savoir ce que c'était que ces
signes; et, présumant qu'il y avait peut-
être dans le ciel des assemblages d'étoiles
qui représentaient des figures d'animaux,
j'en fis l'objet de mes spéculations. Je
choisis pour cet effet un chêne des plus
élevés de la forêt, au sommet duquel je
formai un tissu composé de plusieurs
branches de viorne et d'osier entrelacées,
qui de loin ressemblait assez à un nid de
cigogne. Chaque soir je me rendais à cet
observatoire, où, assis sur une vieille
ruche ou corbeille, je me tournais vers
les diverses plages du firmament pour y
découvrir la figure d'un taureau ou d'un
bélier. Comme les miracles de l'optique
m'étaient encore inconnus, je n'avais que
mes yeux pour télescope. Après les avoir
longtemps fatigués en vain, j'allais quit-
ter-prise, lorsque le hasard me fournit
des notions plus justes et ranima mes
tentatives. Ayant été envoyé à Lunéville
un jour de foire, j'aperçus quantité

d'images exposées en vente et suspendues le long d'un mur ; il s'y trouva un planisphère où les étoiles étaient marquées avec leurs noms et leurs différentes grandeurs. Ce planisphère, une carte du globe terrestre et celles de ses quatre parties, épuisèrent toutes mes finances, qui se montaient alors à cinq ou six francs. Les avares et les ambitieux seraient presque excusables si la passion qui les domine leur causait un plaisir aussi réel et aussi vif que le fut celui que me procura la possession de ces six feuilles de papier.

Peu de jours me suffirent pour apprendre sur la carte les dispositions respectives de la plupart des constellations ; mais pour faire une juste application de cette connaissance, il me fallait un point fixe dans le ciel propre à servir de base à mes observations. J'avais ouï dire que l'étoile polaire était la seule dans notre hémisphère qui fût immobile, et que sa situation déterminerait celle du pôle arctique, mais le moyen de trouver cette étoile, et de déterminer oculairement son immobilité ! Après plusieurs perquisitions, on me parla d'une aiguille d'acier qui avait la vertu de se tourner vers les pôles du monde ; prodige que j'eus peine à croire, même en le voyant. Heureusement pour moi, le plus âgé de nos druides avait un cadran à boussole qu'il eut la complaisance de me prêter. Par le secours de la merveilleuse aiguille, les quatre parties opposées de l'horizon, que l'on appelle les quatre points cardinaux, me furent bientôt connus, de même que le rumb des vents, qui était gravé sur une plaque de cette boussole. Mais comme j'ignorais l'élévation de l'étoile polaire, et qu'il s'agissait de la connaître, voici le moyen que j'employai pour y parvenir. J'en choisis une qui me parut de la troisième grandeur ; puis, avec une tarière. je perçai une branche d'arbre de moyenne grosseur vis-à-vis de cet astre, cela fait, en sectateur de Ptolémée, je raisonnai ainsi : cette étoile est fixe ou mobile, si elle est fixe, mon point d'observation étant fixe aussi, je la verrai continuellement par le trou que j'ai percé, et en ce cas j'aurai ce que je désire ; si elle est mobile, je cesserai bientôt de l'apercevoir, et alors je réitèrerai mon opération; et c'est ce que je fis en effet, sans autre succès que de briser ma tarière. Cet accident me fit recourir à un autre expédient.

Je pris un beau jet de sureau, que je fendis selon sa longueur, et, en ayant ôté la moelle, je rejoignis les deux parties avec une ficelle, et je suspendis cette sarbacane à la plus haute branche du chêne qui me servait d'observatoire. Par ce moyen, et avec la facilité que j'avais de diriger et de fixer ce tube vers les différentes étoiles que je voulais observer, j'arrivai enfin à la connaissance de celle que je cherchais. Il me fut aisé après cela de trouver la situation des principales constellations en tirant des lignes imaginaires d'une étoile à l'autre, suivant la projection de mon planisphère, et alors je sus ce que je devais penser de cette quantité d'animaux dont les poètes ont peuplé le firmament, peut-être faute de la même quantité d'hommes qui méritassent cet honneur.

Après m'être mis un peu au fait de la carte du ciel, je crus qu'il convenait que je prisse aussi la connaissance de celle de la terre, d'autant plus que la vie des hommes illustres, de Plutarque, et l'histoire de Quinte-Curce, que le hasard m'offrit, me rappelèrent les hauts faits d'armes des paladins que j'avais lus dans les merveilleuses histoires de la bibliothèque bleue. Voulant donc connaître les villes, les royaumes et les empires où ces illustres fous s'étaient signalés, je résolus de les suivre à la piste, mais je risquai bientôt de devenir aussi fou qu'eux. Je n'avais pour toute introduction à la géographie que les cinq cartes achetées avec le planisphère dont j'ai parlé. Je manquai de succomber aux efforts que je fis pour comprendre quel pouvait être l'usage des cercles tracés sur la Mappemonde, tels que les méridiens, les tropiques, le zodiaque, etc. Il faut que l'ignorance soit bien naturelle à l'homme, puisqu'il a tant de peine à s'en affranchir. Je fis mille conjectures pour deviner ce que signifiaient ces trois cent soixante petites aires blanches et noires qui partageaient l'équateur ; à la fin je les pris pour des lieues, et, sans hésiter, je conclus que le globe terrestre avait trois cent soixante lieues de circonférence. Ayant fait part de cette belle découverte à un de nos solitaires qui avait été de Saint-Nicolas de Barry, en Calabre, il m'assura que, pour y aller, il avait parcouru plus de trois cent soixante lieues sans s'apercevoir qu'il eût fait le tour de la terre. Je vis par là combien je m'étais trompé; j'en fus outré de dépit; et peut-être serais-je tombé dans le découragement sans la rencontre que voici :

Comme chaque dimanche j'avais coutume d'aller servir la messe à l'église des Carmes de Lunéville, m'étant avisé d'entrer dans le jardin du couvent, j'aperçus maître Remy, qui en avait la direction, assis au bout d'une allée avec un livre à la main : c'était la méthode pour étudier la géographie, par le sieur Delaunay. Je suppliai maître Remy de me la prêter, ce qu'il fit de fort bonne grâce. Je me proposai de la copier, mais l'impatience de savoir ce qu'elle contenait me la fit parcourir en m'en retournant dans le désert, et, avant que d'y arriver, j'appris la réduction des degrés de l'équateur aux mesures itinéraires de différentes nations.

Ce fut alors que je connus la véritable petitesse de notre globe par la comparaison que j'en faisais avec les vastes abîmes de l'espace, dont mon imagination était effrayée.

Passionné pour la géographie jusqu'à ne rêver d'autre chose pendant mon sommeil, et manquant de tout pour m'y perfectionner, je résolus de trouver des ressources contre mon indigence. Pour y parvenir, je déclarai la guerre aux animaux de la forêt dans le seul dessein de profiter de leurs dépouilles pour acheter des cartes et des livres. Je contraignis les renards, les fouines, les putois à me céder leurs fourrures, dont j'allais recevoir le prix chez un pelletier de Lunéville ; plusieurs lièvres furent assez étourdis pour donner dans mes pièges ; les oiseaux contribuèrent aussi à mon instruction par la perte de leur liberté ; de sorte qu'en peu de mois mon industrie me valut environ trente ou quarante écus. Je me rendis ou plutôt je courus à Nancy avec cette somme pour y acheter des livres. Une traduction de l'Histoire naturelle de Pline, Tite-Live, l'Histoire des Incas, celle des cruautés exercées par les Espagnols en Amérique, par Barthélemy et Las-Casas ; les lettres de Bussy-Rabutin, les caractères de Théophraste, le testament politique de Louvois, les Fables de l'ingénieux La Fontaine, quelques autres ouvrages et plusieurs cartes géographiques épuisèrent mes finances et mon crédit ; je dis mon crédit, car n'ayant pas assez pour payer tout ce que je viens de spécifier, le bonhomme Truain, mon libraire, sans m'avoir jamais vu ni connu, m'admit malgré moi au nombre de ses débiteurs pour la somme de vingt ou trente francs : lui ayant demandé sur quoi sa confiance en moi était fondée : « Sur votre physionomie, me dit-il, et sur votre ardeur pour l'étude ; je lis dans vos traits que vous ne me tromperez point. » Quoique sa bonne opinion ne portât que sur des fondements très équivoques, je ne laissai pas de lui en savoir gré, et de l'assurer que je ferais mon possible pour justifier l'horoscope dont il m'honorait.

Courbé sous le poids du ballot scientifique que je venais de former, je fis cinq lieues à pied pour regagner ma solitude, ce qui supposait de la fatigue et plus d'une station avant que d'arriver. Dès lors ma cellule devint un monde en abrégé. Les murs furent tapissés de royaumes et de provinces en peinture, et, comme elle était fort petite, j'attachai le planisphère au-dessus de mon grabat, de sorte que je ne pouvais m'éveiller sans jeter la vue sur des nuages d'étoiles qui n'avaient de lumière que pour l'esprit. »

Le hasard enfin servit à souhait notre jeune héros. Un jour il trouva à terre sur un chemin **un** cachet d'or portant des armoiries gravées; l'honnête Duval pria le curé d'annoncer en chaire sa trouvaille, et il fit tout ce qu'il était possible de faire pour retrouver le propriétaire de cet objet précieux qui fut réclamé par monsieur Forster, savant anglais très distingué. En récompense de ce service, le noble étranger donna à Duval une forte somme d'argent qu'il employa à acheter quatre cents volumes. Il interrogea l'enfant, et reconnut en lui une intelligence supérieure. Mais l'élève des ermites négligeait les moutons confiés à sa garde, il s'attirait les reproches de ses bienfaiteurs qui le menacèrent de brûler ses livres. Il en résulta une vive querelle à la suite de laquelle, sous l'influence des menaces des moines, Duval s'engagea à rester à leur service pendant de longues années encore. Une autre bonne fortune ouvrit au jeune homme les portes de sa destinée. Un jour qu'il se livrait dans son bois à ses études géographiques, entouré de cartes et de livres de science, il vit arriver un chasseur inconnu qui lui demanda ce qu'il faisait, et qui s'informa de ses occupations et de ses travaux. — J'étudie la géographie, répondit l'enfant. — Vous y entendez donc quelque chose, jeune homme? — Si je n'y entendais rien, je ne m'en occuperais point. — Quelle contrée cherchez-vous-là? — Je cherche, Monsieur, la route de Québec pour aller terminer mes études à l'Université de cette ville. — C'est bien loin, mon ami, vous devez savoir qu'il y a bien plus près d'ici des Universités où vous pouvez aller étudier, et si vous le désirez je me charge de vous envoyer dans l'une d'elles. Pendant cette conversation, plusieurs seigneurs et de nombreux valets s'étaient approchés et

saluaient l'inconnu en l'appelant, mon-
seigneur. Duval était en présence du duc
de Lorraine qui n'oublia pas sa promesse.
Il fut par lui placé au collége de Pont-à-
Mousson, où il resta deux années. Ayant
achevé ses études, il fut nommé bibliothé-
caire du duc son bienfaiteur, puis il devint peu de temps après professeur d'histoire à l'Académie de Lunéville. Il eut
pour élève le célèbre lord Chatam. L'empereur François ayant entendu parler de
sa science et de ses connaissances histo-
riques et archéologiques approfondies,
l'appela auprès de lui et le chargea de la
direction du cabinet des médailles de
Vienne, qui fut organisé et complété par
ses soins. Mais avant d'aller se fixer à
Vienne, Duval avait voulu revoir son
village. A la place de la chaumière où il
était né, il fit construire une maison vaste
et bien disposée pour contenir l'école. Il
se rendit à Vienne, en 1748. Il y vécut
jusqu'à l'âge de 82 ans, conservant au
milieu des pompes de la cour impériale,
une indépendance peu commune et des
habitudes de sobriété et de travail qui
avaient été la règle de toute son existence

de travail. Sa modestie était très connue. Il n'hésitait pas à répondre : *Je ne sais pas*, à ceux qui l'interrogeaient sur des sujets qui ne lui étaient pas très familiers. Un jour un guidon lui dit : — Mais il me semble que l'empereur **vous** paye pour savoir. — Non, répondit Jameray-Duval, Sa Majesté me paye pour ce que je sais. Si elle devait me payer pour ce que je ne sais pas, tous les trésors de l'empire ne pourraient suffire.

Ce fut surtout dans l'art de la numismatique que Duval se distingua. Il écrivit des ouvrages très remarquables sur les médailles que contenait le musée de Vienne, et sur quelques autres points importants de cette science.

Jameray-Duval, bien que ne possédant qu'une mince fortune, était d'un naturel très bienfaisant. On raconte qu'un jour passant dans un hameau, il demanda un verre d'eau pour se rafraîchir. Il fallut près d'une heure pour lui procurer de quoi étancher sa soif, parce que le petit village ne possédait ni source ni puits. Il donna quatre cents francs aux habitants pour faire les frais du creusement d'un puits.

Il mourut en 1772 à Vienne, après une vie de travail, entouré de l'affection des plus grands personnages et du respect de tous les savants de l'Europe.

LUCRETIA DAVIDSON

Lucretia-Maria Davidson, la petite
poète américaine, naquit à Platsburgh,
sur le lac Champlain, près de New-York
en 1808. Son père exerçait la profession
de médecin. Ses parents, de condition
modeste, avaient plusieurs enfants, qui,
selon leur âge, prenaient chacun leur
part des soins du ménage. A l'âge de
quatre ans, Lucretia avait été chargée de
la conduite d'une petite sœur plus jeune
qu'elle. Douée des plus heureuses dispositions, Lucretia passait ses nuits à lire.
Elle dévora en quelques années tous les
ouvrages de littérature qu'il peut être
permis de lire à une jeune fille. Sa vive
imagination était constamment surexcitée
d'une manière un peu maladive. La
poésie l'enchantait et la mettait dans une

sorte d'extase. Dès l'âge de neuf ans, elle écrivait des pièces de vers. Sa première poésie fut composée à l'occasion de la mort d'un oiseau, de son rouge-gorge. Elle faisait des vers à sa petite sœur, à sa poupée, aux étoiles, à sa mère, pour laquelle elle avait la plus tendre affection. A un âge où les autres enfants ignorent ordinairement qu'il existe des poètes, Lucretia faisait des poésies pleines de grâce et de tendresse. Longtemps elle cacha ses œuvres, mais ses parents remarquèrent à la longue l'étonnante consommation de papier blanc qu'elle faisait, la surveillèrent et finirent par mettre la main sur ses œuvres. La petite fille avoua, en rougissant, son génie naissant; mais elle brûla immédiatement ses manuscrits. Son père lui fit promettre de les conserver à l'avenir; mais sa modestie et sa timidité étaient telles que la pensée d'être obligée de montrer ses vers à qui que ce fût, arrêtait ses élans poétiques et glaçait son génie. Elle resta longtemps sans écrire, de peur de se trouver dans la nécessité de soumettre ses œuvres à ses parents. Elle se mit de nouveau à lire, mais son imagination ne produisait plus rien ; son génie poétique se réveilla enfin, et elle écrivit de charmantes pièces de vers qu'elle ne montra à personne. Pour ne pas être surprise par la surveillance qu'exerçaient ses parents sur les feuilles de papier, elle se mit à écrire sur les marges de ses livres, sur les couvertures et les blancs des pages, et même sur les parties imprimées. Elle écrivait dans tous les sens, en large, en long, en travers. Seule elle pouvait parvenir à déchiffrer ses écrits.

Indépendamment de sa passion pour la poésie, Lucretia Davidson avait un penchant irrésistible pour l'art du dessin. Elle crayonnait sur ses livres de fort jolis croquis ; elle illustrait elle-même ses œuvres, et dans son esprit enfantin il y avait une corrélation secrète et intime entre la poésie et le dessin. Le dessin complétait le texte, l'expliquait, se fondait en quelque sorte avec lui dans l'éclosion de ses œuvres poétiques. Il lui semblait que le dessin faisait partie de la pièce de vers, elle concevait le tout ensemble. De semblables phénomènes ne sont pas rares chez les grands poètes, et chacun sait que le plus grand poète des temps modernes, V. Hugo, est aussi un dessinateur, et qu'il existe des rapports artistiques entre sa manière de dessiner et l'élévation de son génie poétique.

Pendant plusieurs années Lucretia Davidson travailla en secret. Comme ses devoirs multiples de petite ménagère ne souffraient en rien de ses études et de ses travaux, ses parents pensèrent qu'elle avait renoncé à écrire. Mais un jour, en cherchant dans une vieille armoire, sa mère ouvrit par hasard un livre rempli d'écriture et de dessin. Ne pouvant déchiffrer ces lignes surchargées, elle demanda à sa fille de lui lire ses vers. L'enfant s'y refusa et tomba malade ; mais on lui promit de lui rendre le livre si elle s'exécutait. Elle lut enfin ses vers qui étaient admirables, et lorsque le livre fut rentré en sa possession, elle le déchira page par page, et le fit brûler tout entier comme elle l'avait déjà fait de ses premières œuvres. Elle avait honte de son génie.

Bientôt elle eut des préoccupations et

des chagrins qui l'empêchèrent de donner un libre essor à son imagination poétique. Sa sœur aînée mourut, et ce fut sur elle que retombèrent entièrement les soucis du ménage. Sa mère devint gravement malade, et une opération chirurgicale de la plus grande difficulté devint nécessaire. A la même époque un étranger, ayant entendu parler de la jeune poète, des besoins de sa famille et de l'intérêt que chacun portait à la mère et aux enfants, envoya sans se faire connaître, un billet de banque de vingt dollars à Lucretia en la priant de l'employer à acheter des livres. La jeune poète poussa un cri de joie. Elle ne lisait plus, elle n'écrivait plus ; mais elle ne rêvait que livres et poésie.

Elle réprima sa joie en songeant à la situation gênée de sa famille, à la nécessité de faire opérer sa mère par un chirurgien célèbre, aux soins coûteux de la maladie. Elle tendit le billet de banque à son père en lui disant : « Prenez cela, mon père, voici de quoi soigner ma mère ; je puis me passer de livres. » Lucretia n'était alors âgée que de onze ans. Mistress Davidson ne recouvra pas la santé et resta longtemps alitée. La petite fille renonça encore à écrire. Elle avait entendu dire par hasard que des voisins blâmaient ses parents de laisser leur fille dans l'oisiveté, alors qu'à son âge la plupart des enfants commencent à apprendre un état. Elle rassembla ses livres dans un placard, les enferma et perdit la clef volontairement pour n'être plus tentée de revenir à ses chères études et à ses lectures. Mais elle avait trop compté sur la force de son caractère et sur son courage. Une tristesse mortelle s'empara de son esprit, elle était abattue et tomba malade à côté de sa mère qui n'était pas encore rétablie.

La mère sachant bien quelle était la cause de la langueur et de l'affaiblissement de sa fille, lui demanda de reprendre ses travaux interrompus, et lui fit comprendre qu'une jeune fille si utile à sa famille ne devait pas se laisser abattre par le chagrin. Elle l'engagea à se remettre à lire et à écrire. Lucretia, enchantée de trouver dans les conseils de sa mère un soutien et un encouragement, se remit à ses études et revint à la santé et à la joie.

Vers 1824, un bienfaiteur anonyme plaça Lucretia dans un pensionnat à Vroy. Elle y fit de fortes études ; mais, stimulée par le désir de prendre rang avant ses compagnes dans les travaux littéraires, elle travaillait avec une ardeur extraordinaire. Elle tomba malade, et il fut nécessaire de l'envoyer dans un autre établissement d'instruction à Albany. C'est à cette époque qu'elle adressa la pièce suivante à l'une de ses amies, le texte anglais en a été traduit comme il suit en prose française :

« Quand tu comptais, aux jours de mon enfance, les joyeux battements de mon cœur, alors j'étais fraîche comme la fleur qui sourit au printemps ; je jouais, j'étais libre, et je me sentais heureuse.

» Tu n'as pas oublié ni mes joyeux ébats, ni mon ignorance de tous chagrins, ni ce bon rire qui est l'âme des simples plaisirs de l'enfance et les fêtes de l'homme ici-bas.

» Comme tout était neuf pour moi dans la vie, comme les plaisirs caressaient de leurs ailes mon jeune âge en fleur! et qu'elles étaient brillantes les magiques couleurs dont l'espérance me peignait l'avenir!

» Hélas! ce temps n'est plus; j'achève dans les ténèbres mon pèlerinage de la vie, et je vais, me dirigeant faible et chancelante, vers ce dernier asile où nous dormons dans la poussière. »

Lucretia sentait sa fin prochaine, elle avait alors seize ans. Elle devint de nouveau malade à Albany, et il fut nécessaire de la conduire dans sa famille. Sa mère lui prodigua les soins les plus affectueux. Il était défendu de laisser la jeune malade lire et écrire. Ne pouvant se passer de ses livres qu'elle aimait tant, elle voulait au moins les avoir auprès d'elle, sur son lit, comme un petit enfant désire avoir auprès de lui ses jouets même lorsqu'il est malade. Elle touchait ses livres, les embrassait, les retournait. « Ah! maman, disait-elle, quelle fête ce sera pour moi le jour où je pourrai en ouvrir un! » Mais, hélas! ils étaient fermés pour toujours, et Lucretia Davidson mourut le 27 août 1825 sans avoir atteint sa dix-septième année, ayant donné au monde un rare exemple de précocité et de génie poétique. Quelques années après sa mort ses œuvres furent publiées à New-Yorck, sous le titre de : *Amir-khan et autres poèmes.*

L'ENFANCE DE NAPOLÉON

Napoléon Bonaparte, naquit à Ajaccio, le 15 août 1769. Sa famille était d'origine italienne, et comme elle s'était trouvée mêlée aux querelles des Guelfes et des Gibelins, elle s'expatria. Elle était venue habiter la Corse. Charles Bonaparte, son père, avait épousé en Corse, Létézia Romolini, femme d'une rare beauté. Il avait eu un fils, Joseph, qui devint par la suite roi d'Espagne. A cette époque, la Corse ayant été cédée à la France, des difficultés surgirent pour la prise de possession. Il fut même nécessaire de réprimer une insurrection des indigènes. Le père de Napoléon était au nombre des révoltés ; mais par la suite, il fut très dévoué à la France, qui avait eu raison de la résistance des Corses, après quelques combats meurtriers. Sa mère avait suivi son mari dans toutes les opérations de la guerre. Elle était à Ajaccio, le jour de la fête de l'Assomption, et se rendit à la messe. Prise des douleurs de l'enfantement, elle eut à peine le temps d'arriver jusqu'à sa chambre, et Napoléon vint au monde sans aucun secours de l'art, sur un tapis. Allaité et élevé par sa mère, Napoléon lui rendit, par la suite, un hommage de reconnaissance. « C'est à ma mère, dit-il, c'est à ses bons principes que je dois ma fortune et tout ce que j'ai fait de bien. Je n'hésite pas à dire, que l'avenir d'un enfant dépend de sa mère. » D'une grande prudence, Létézia Romolini élevait ses enfants avec fermeté, et réprimait leurs vices avec une extrême vigilance. Lucien Bonaparte, l'oncle de Napoléon, archidiacre d'Ajaccio, lui enseignait les premiers éléments des sciences, et le menait avec lui, assister aux exercices religieux. Le comte de Marbeuf, qui commandait en Corse, obtint pour Napoléon une bourse à l'Ecole de Brienne, et deux bourses au collège d'Autun, pour ses deux frères Joseph et Lucien. Nommé député de la noblesse, en 1779, aux Etats généraux de Versailles, Charles Bonaparte partit pour la France, et conduisit ses trois fils dans les établissements scolaires que la générosité de Louis XVI leur ouvrait. Muni d'une lettre de recommandation du grand duc Léopold, frère de Marie-Antoinette, le député de la Corse se rendit auprès de la reine qui s'intéressa depuis lors à l'avenir des trois jeunes gens.

Arrivé à Brienne, Napoléon était âgé de dix ans, il remarqua en entrant un portrait du duc de Choiseul, qui avait été le négociateur de l'achat de la Corse, par la France, à la république de Gênes. M. de Choiseul avait dirigé les armées françaises, au moment de la prise de possession de l'île. Il était très impopulaire en Corse, dans le parti ennemi de la France. Napoléon, à la vue de ce portrait, entra, dit-on, dans une grande colère, et chaque fois qu'il passait devant cette image, il ne pouvait réprimer ses sentiments de mépris et d'indignation.

Les progrès du jeune Corse furent rapides et son intelligence précise le poussa vers l'étude des mathématiques où il obtint de grands succès.

Un jour il fut puni et obligé de se mettre à genoux à la porte du réfectoire. Il fut pris d'une violente attaque de nerf. Le directeur de l'école leva immédiatement la punition. Le professeur de mathématiques accourut, et se plaignit amèrement de ce que l'on punissait ainsi son meilleur élève.

Pendant l'hiver, de 1783 à 1784, les élèves de Brienne construisaient avec la neige des forts et un camp retranché. Napoléon fut chargé du commandement de la petite guerre qui eut lieu dans cette circonstance. La femme du concierge jouait le rôle de cantinière. Elle voulut forcer une consigne : « Qu'on éloigne cette femme, commanda Napoléon. Elle apporte la licence dans le camp. »

Comme il était étranger, et qu'il avait un accent italien très prononcé, ses camarades se moquaient de lui. A son arrivée on lui avait demandé son prénom : « Napoléon, » avait-il répondu. Ses camarades n'avaient pas bien entendu, et le surnommèrent à partir de ce jour : « La paille au nez. » Voici une lettre écrite, par Napoléon à son père, qui témoigne des tribulations de l'enfance de Napoléon, à Brienne.

Brienne, le 5 avril 1781.

« Mon père,

» Si vous ou mes protecteurs ne me donnez pas le moyen de me soutenir honorablement dans la maison où je suis, rappelez-moi près de vous, et sur-le-champ. Je suis las d'affecter l'indigence, et d'y voir sourire d'insolents écoliers qui n'ont que leur fortune au-dessus de moi ; car il n'en est pas un qui ne soit à cent piques au-dessous des nobles sentiments qui m'animent. Eh quoi ! Monsieur, votre fils serait continuellement le plastron de quelques nobles paltoquets, qui, fiers des plaisirs qu'ils se donnent, insultent en souriant, aux privations que j'éprouve. Non, mon père, non si la fortune se refuse absolument à l'amélioration de mon sort, arrachez-moi de Brienne, donnez-moi, s'il le faut, un état mécanique ; que je voie des égaux autour de moi, je saurai bientôt être leur supérieur. A ces offres, jugez de mon désespoir ; mais, je vous le répète, je préfère être le premier d'une fabrique, que l'artiste dédaigné d'une Académie. Cette lettre, veuillez le croire,

n'est pas dictée par le vain désir de me
livrer à des amusements dispendieux. Je
n'en suis pas du tout épris; j'éprouve
seulement le besoin de montrer les
moyens que j'ai de me les procurer,
comme mes compagnons d'étude. »

Les écoliers de Brienne étaient jaloux
des succès de Napoléon, et se plaisaient à
l'exciter à cause de sa susceptibilité et de
sa fougue méridionales. Ils l'appelaient :
le fils de l'huissier, son père étant asses-
seur du tribunal d'Ajaccio. C'était une
injure toute gratuite. Napoléon écrivit au
comte de Marbeuf, gouverneur de la
Corse, qui se trouvait alors dans un château, près de Brienne. Voici la lettre où
l'on trouve la preuve des humiliations
que ses camarades lui faisaient endurer :

8 octobre 1783.

« Monsieur le comte,

» Je ne me corrigerai point d'une impétuosité, d'autant plus dangereuse, que
j'en crois le motif sacré. Quel que fût
l'intérêt qui me le commandât, je n'aurais pas la force de voir traîner dans la
boue, un homme d'honneur, mon père,

mon respectable père. Sous ce rapport, monsieur le comte, je sentirai toujours trop vivement, pour me borner à en porter plainte à un chef. Je serai toujours persuadé qu'un bon fils ne doit pas commettre à un autre le soin de venger un pareil outrage. Veuillez ajouter, aux bontés dont vous m'avez honoré, la grâce de me retirer de Brienne : j'avais acquis votre protection ; pour en profiter, il fallait des vertus que le ciel m'a refusées. »

A la réception de cette lettre, monsieur de Marbeuf vint à l'école, calma le jeune homme, et le recommanda tout particulièrement aux professeurs de l'école.

En 1783, Napoléon eut le prix de mathématiques. En le couronnant, madame de Montesson qui était venue assister, avec le duc d'Orléans, à la distribution des prix, lui dit : « Puisse cette couronne vous porter bonheur !

A Brienne, Napoléon avait peu d'amis, il était souvent seul et méditait longuement, néanmoins il se lia très intimement avec deux de ses camarades de Bourrienne et des Mazzis. Il exerçait, malgré les moqueries de quelques-uns, une autorité incontestable sur les autres écoliers. En voici une preuve tirée d'un fait assez insignifiant en apparence : Pendant une promenade, un professeur tomba frappé d'apoplexie. Il fut nécessaire de le transporter à l'école. Napoléon organisa tout pour cela. Il lui donna les soins nécessaires en pareil circonstance, construisit le brancard, choisit les arbres convenables, les prépara, les ajusta et conduisit le convoi comme un officier qui mène un bataillon.

Pendant cette année, 1783, Napoléon fut admis à l'Ecole militaire de Paris. L'inspecteur-général, monsieur de Keraglia, chargé du recrutement de cet établissement, désigna le jeune homme bien que son éducation fût encore incomplète sur certaines parties de l'enseignement : « Je sais ce que je fais, répondit-il aux professeurs qui s'étonnaient de ce choix un peu hâtif. Je passe par dessus la règle, ce n'est point une faveur de famille, je ne connais pas celle de cet enfant; c'est tout à cause de lui-même; j'aperçois ici une étincelle qu'on ne saurait trop cultiver. »

On a supposé que c'était à la recommandation de Marie-Antoinette, que Bonaparte avait dû l'honneur d'être admis avant son tour, à l'Ecole militaire de Paris, mais rien n'est venu prouver cette supposition. Ce fut le 1er septembre 1784 qu'il entra à l'Ecole militaire. La note d'entrée contient cette mention : « Napoléon de Bonaparte, admis à l'Ecole militaire, élève du roi, comme s'étant distingué par la pureté de ses mœurs, sa docilité, son aptitude aux sciences et les progrès qu'il y avait faits. » Il avait alors seize ans.

FIN

TABLE

FIN DE LA TABLE.

LIMOGES. — Imp. Eugène ARDANT et Cie.

VOYAGE

DE

LA PÉROUSE

AUTOUR DU MONDE

1785 A 1788

PAR E. DU CHATENET.

LIMOGES

EUGÈNE ARDANT ET C⁰, ÉDITEURS